JN212562

中央線沿線物語

国立と立川・国分寺・小金井
ゆかりの人物を訪ねて

嶋津隆文 著
国立市観光まちづくり協会 刊

風鈴社

「誰もが知る人の、誰もが知らない」エピソードを

例えば立川駅を南口に降りると小澤征爾のかよった幼稚園や小学校がある。砂川の阿豆佐味天神社はジャズピアニスト山下洋輔の行方不明になった愛猫を戻した逸話で有名だ。国立の赤い三角駅舎では多くの文化人が往来してきた。芥川賞『太陽の季節』の石原慎太郎、同じく『犬婿入り』の多和田葉子。直木賞の山口瞳は国立を「わが町」と誇り、『夕焼け学校』の嵐山光三郎や漫画家の滝田ゆうらとともに「文化の国立」の名を高めた。「多摩蘭坂」を有名にしたのはロックの忌野清志郎、作家の黒井千次である。

国立駅北口には芥川賞『岬』での中上健次、同じく『アメリカン・スクール』の小島信夫が住んだ。国分寺駅界隈も同様だ。南口には村上春樹がジャズ喫茶〈ピーター・キャット〉を開き、多喜窪通りには『西行花伝』の辻邦生が暮らした。建築界の異才、藤森照信もタンポポハウスを建てて住む。小金井には作詞家の星野哲郎、アニメ監督の宮崎駿。二人とも小金井市の名誉市民である。

野川は大岡昇平の『武蔵野夫人』の舞台だ。その「はけの道」は武蔵小金井駅南口から徒歩10分にある散策路である。

本書はこうした贅沢な、中央線の歴史的、文化的魅力を、とりわけ中央線の西エリアで活躍してきた人物たちを軸にお伝えしようとするものである。作成にあたっては文字通り「地の利」を生かし、これら文化人本人やその家族・知人の方々に直接お会いし、地元にちなむ「生」の話題を聞くことを心がけた。それだけに「誰もが知る人の、誰もが知らない」エピソードを数多く載録できたものと自負している。

長いコロナ禍も何とか収束した。高齢化社会も本格的となった。生活の中での知的関心も拡大してきている。多くの人々が、魅力を秘める近隣地域への「近旅(ちかたび)」に関心が向き始めている。本著は、そうした気運の中央線沿線の人々へ、間違いなく役立つ散策情報となるものと信じている。

令和6(2024)年7月

嶋津隆文

(国立市観光まちづくり協会/松蔭大学元教授)

目次

3章 国分寺編

4章 小金井編

Topic

表紙「くにたちの光」小林宏一

1章

立川・日野編

立川・日野

小澤征爾

世界のオザワを育んだ立川

立川市柴崎町3丁目

世界のセイジ・オザワは立川市の柴崎町の育ちである。

そもそもの生まれは満洲の奉天で昭和10（1935）年だ。父小澤開作は歯科医であった。征爾の名前は板垣征四郎、石原莞爾のそれぞれ1字を取ったという。「おふくろのさくらによれば、出生の知らせを聞いた時ちょうど（おやじが）二人と一緒にいた」からだといわれる。もっとも「おやじは（中略）中国人を軽視する政治家や軍人が増えると、手厳しく批判」する一方、「日中戦争を底なしの泥沼と見たおやじはおふくろと僕たち兄弟を日本に帰すことに決める」とこの紙面で語っている（日経新聞「私の履歴書」平成26年1月3・4日）。

昭和16年に母親と二人の兄たち（長兄＝小澤克己、次兄＝小澤俊夫）と中国から東京に向かう。住み家としたのは立川駅の南、柴崎町3丁目の一軒家である。そこで征爾は目と鼻の先にあった若草幼稚園に入園する。昭和10年代の立川駅の北口は陸軍立川飛行場界隈を中心に、「空の都よ立川よ」と小唄で謳われるほどの賑わいを持っていた。しかし南口は区画整理こそが進められていたものの、周辺に広がっていたのは多摩川まで至る原っぱだ。そこで幼い征爾は遊びまわる。

その当時の小澤征爾の「生の姿(なま)」を少しでも知りたい。そう思った私は先般、園児たちの帰った夕方に、若草幼稚園を訪ねてみた。幸いにも橋本誠子園長が昭和16年頃の園児たちの集合写真を取り出し説明してくれる。「ほら、一番後ろの列にちょこっと顔を出すこの子ね、この子が小澤征爾と聞いてます」。そして小澤と幼なじみだったという叔母の石井英子(91歳)にも連絡を取ってくれた。するとこんな思い出が語られた。

「セイジちゃんと言えば、すぐ近くの空き地で戦争ゴッコを10人くらいの子どもでやった時、セイジちゃんも一緒だった。エイコ上等兵、行け!! なんて命令されましたね」。

リヤカーで運ばれたピアノ

小澤征爾は若草幼稚園を終え、翌17年に隣接する柴崎小学校(現立川第一小学校)に入学。この柴崎小には令和元(2019)年に、小澤から送られてきたメッセージがある。

「柴崎小学校といえば、ぼくの一番の思い出は1年生の頃、何度も空襲があり、その度に空襲警報が鳴って、ぼくたちは防空頭巾をかぶらされて机の下にもぐったことだ。戦争が終わってからは、青木キヨ先生にピアノを教わった」（「学校だより」令和元年7月1日号）。

令和元年4月に柴崎小の創立150周年のイベントが開かれた折、小澤が成城の自宅で療養中であったものの、お祝いの手紙として送ったものである。

柴崎小では5年生の秋に「エリーゼのために」を学芸会で演奏し、翌春の卒業式では送辞を読んでいる。また長兄の通っていた東京府立第二中学校（現立川高校）では、音楽室を特別に使わせてもらってはそこの大和先生からピアノを教わっていたという。

家族は征爾の才能を知り、本格的にピアノを学ばせようとする。横浜の白楽の親戚筋からピアノを安価で譲ってもらい、父と兄二人がリヤカーにピアノを縛り付け、3日かけて立川市の自宅まで運搬したとのエピソードは有名である。幼なじみで若草幼稚園の石井英子は、小澤家族の思い出とこのピアノについて、こんな話も私に語ってくれた。

「4人兄弟、みんなやさしい人。お母さんはあったかい人。お父さんはハイシャで、チラッと見ただけ。でも玄関に入ると部屋には大きなピアノが置いてあるのが見えました」。

終戦後の昭和22年、一家は父のミシン会社設立に伴い立川を離れ、神奈川県の足柄上郡金田村に移っていく。小澤はその後、桐朋学園で齋藤秀雄に指揮を学ぶ。昭和34年、フランスで行われたオーケストラ指揮者国際コンクールで1位を獲得。カラヤンやバーンスタインに師事する。昭和48年からボストン交響楽団の音楽監督を29年にわたり務め、平成14（2002）年にはウィーン国立歌劇場の音楽監督に就任。平成20年に文化勲章を受章。そして令和6年2月に逝去。訃報のニュースは世界中に流れ、多くの人々がその死を悼んだ。

とかく立川市には文化人がいないと嘆く人もいる。しかしそんなことは言わせない。征爾を包む柴崎の近所の人たちは温かかったと、橋本園長は後日ハガキでこう伝えてきた。「（幼稚園の）お隣りさんは征爾さんに自宅のピアノを貸していました。同じ桐朋出身の方が居ましたので、征爾さんの成長をとても喜んでおりましたね」。

立川は間違いなく〝世界のオザワ〟を育んだ、小澤征爾の故郷なのだ。立川在住の私はそう叫びたい。

※若草幼稚園および柴崎小学校（現立川第一小学校）、府立第二中学校（現立川高校）は、いずれも立川駅南口から徒歩10分である。

小澤征爾

■おざわせいじ
指揮者。昭和10年生まれ。昭和16年に満洲から立川市柴崎町に転居し昭和22年まで暮らす。若草幼稚園、柴崎小学校、その後、桐朋学園で齋藤秀雄に指揮を学ぶ。昭和34年、フランスのオーケストラ指揮者国際コンクールで1位。昭和48年からボストン交響楽団音楽監督、平成14年からウィーン国立歌劇場音楽監督。文化勲章受章。令和6年逝去。

山下洋輔

ジャズが響く立川にこそ

猫返しの阿豆佐味天神社

阿豆佐味(あずさみ)天神社は立川市の砂川町にある。1950年代の米軍基地拡張反対の砂川闘争では、住民や学生らの基地拡張反対運動の拠点となった。しかし何よりもこの神社が知る人ぞ知る存在となったのは、山下洋輔にちなむエピソードからだろう。時に3匹も飼った愛猫家の山下洋輔。ある時1匹の猫が行方不明となる。日々探し回っていたところ、たまたま通りかかった自宅近くのこの神社で「どうか無事に帰りますように」と祈願。するとその翌日、17日ぶりに戻ってきたというのである。山下はお返しにと、自らが演奏するピアノの「越天楽」を神社に贈る。以来、「猫返し神社」として人気スポットに。「いやあ毎日、朝10時から午後3時頃まで、このピアノの越天楽を境内に流すんですよ」と阿豆佐味の宮司は楽しそうに説明する。「それに山下さんは節分にはいつも豆まきに来てくれるんです」。

山下洋輔は世界的なジャズピアニストである。肘で鍵盤を鳴らす一方、燃えるピアノで演奏するなど、フリージャズならではの刺激的な奏法で多くのファンを摑んできた。昭和17（1942）年に渋谷に生まれた。中学2年のとき麻布中学校に編入。もっとも学業もスポーツもからっきしダメだったと、しばしば書き残している。麻布高校在学中にプロとしての演奏活動を開始。

昭和61年より立川市在住

山下は昭和61年に立川に引っ越してきた。それから40年近くこの町に暮らす。この間のジャズピアニストとしての活動はめざましい。昭和63年に「山下洋輔ニューヨーク・トリオ」を結成、平成20（2008）年には金沢21世紀美術館主催で「ピアノ炎上2008」開催。紫綬褒章、旭日小綬章を受章する。

何よりも地元立川への思い入れは強い。立川市役所へ絵画「クルド人の踊り」を寄贈し、ロビーコンサートを開催する。「立川いったい音楽まつりWeek」では開幕ライブを行う。令和3年に新設された若葉台小学校の校歌作曲も依頼され、またいくつもの地

阿豆佐味天神社の絵馬

元中学でのライブにも向かう。出身校の国立音楽大学の招聘教授となりジャズ専修まで設けた。平成27年には「たちかわ交流大使」に委嘱された。

こうした地元立川への山下の愛着の源は何か。立川市は市のブランドイメージ戦略として「立川くらいが、一番いい」を発表。この触発的なメッセージを受けて山下はこう話しているのが楽しい。「私であれば、「(ジャズを聴くなら)立川くらいが、一番いい」と言いたい。この町は聴きたいところでジャズが聴ける。とくに立川基地があったことは大きかった。本場のアメリカ人に聴かせて唸らせたい。バンドマスターが舞台としてよく選んできたのも米軍基地だった」(立川市 YouTube)。

ジャズ界のレジェンドの地元への目線は優しく、広く、痛快だ。

早稲田大学バリケード内のライブ

突然であるが話は立川から早稲田に移る。令和4(2022)年7月12日、早稲田大学の大隈講堂で「村上春樹 presents 山下洋輔トリオ　再乱入ライブ」が開催された。えっ「再乱入」? このタイトルに思わず半世紀前にタイムスリップしたのは私だけではないだろう。山下は全国で全共闘運動が広がっていた昭和44年、早稲田のバリケード内に突入しライブ演奏する。ピアノは大隈講堂から「反戦連合」メンバーらが運び出した。混乱のなか、しかしバリケード内で学生たちは山下の演奏に圧倒される。当時キャンパスにいた私は、露出志向の高い「反戦連合」の行動を冷めた眼で見ていたものだ。しかし山下のピアノ力と半世紀という時間はでっかく、このイベントをすっかり伝説に変えてしまった。「再乱入」イベントを担った村上春樹は今こうメッセージを寄せる。

「1969年に早稲田大学四号館でおこなわれた山下洋輔トリオの「乱入ライブ」は、今では伝説の語り草となっています。（中略）オリジナルの乱入から既に半世紀以上が経過してしまったわけですが、大丈夫。ご安心ください。乱暴な精神はまだしっかり生きて、引き継がれています」（ライブ開催ＨＰ）。

満員の大隈講堂の最後に山下洋輔は、「当時、権威あるものはぶち壊したい、単純にそう思った」と語り、村上春樹『ノルウェイの森』に出てくる「Memory is a funny thing」をソロ演奏した。村上春樹は言うまでもなく大のジャズファンである。早大在学中の昭和49年に国分寺に居を構え、国分寺駅南口近くにジャズ喫茶〈ピーター・キャット〉を開いた。彼の作品には随所にジャズが語られているのだ。『風の歌を聴け』『海辺のカフカ』『ねじまき鳥クロニクル』……。

中央線沿線にもしジャズが強く漂うとすれば、それは間違いなく山下洋輔と村上春樹の存在に依るもの。そう私は信じている。

■やましたようすけ
ジャズピアニスト。昭和17年生まれ。昭和61年に立川に移り市民歴は40年近い。昭和63年に「山下洋輔ニューヨーク・トリオ」結成。出身校の国立音楽大学（立川市柏町）の招聘教授となりジャズ専修を担当する。平成27年には「たちかわ交流大使」となる。

山下洋輔

赤川政由

立川の街そのものが赤川作品館

中央線立川駅を北口に降り、多摩モノレールの駅に向かう。デッキの傍らに飛行機を飛ばそうとする少年の銅板像が目に入る（写真）。「風に向かって」（in the wind）。立川が国際飛行場であった昭和の初め、二人の米国人が太平洋横断で飛来。スパイ容疑をかけられる。しかし初の大西洋単独無着陸飛行で名を馳せた、かのリンドバーグ夫妻の働きかけで二人は晴れて帰国する。その時の飛行機「ミス・ビードル」号がモデルだ。

大正11（1922）年11月10日、陸軍飛行大隊（のちに連隊となる）78名が立川駅前に到着。駅前に整列し、霊峰富士を仰ぐ。ここから陸軍立川飛行場がスタートする。すでに100年前のこと。立川飛行場は昭和2（1927）年には朝日新聞や民間航空会社などが使用を始める。昭和4年には立川〜大阪の定期便も始まった。昭和5年に作られた「立川小唄」は「空の都よ、立川よ」と謳った。そんな歴史を込めたこの少年像はこの立川の原点であり、シンボルと言ってよい。平成12（2000）年に制作された。

銅板にこだわる

作者は銅板造形作家の赤川政由である。昭和26年に大分県の日出（ひじ）町生まれ。昭和44年に上京し、目黒の鷹美術研究所でデッサン、銅版画を学ぶ。昭和49年にBONZE工房を立川の高松町に開いた。立川在住が50年を超える。

「風に向かって」（赤川政由作）

先般、熊野神社の近くのこのアトリエを訪問してみて驚かされた。工房は、今は数少なくなった米軍ハウスの一角にあったのだ。工具と素材で埋まったそのアトリエで、赤川は「私の作品のコンセプトは町の記憶を作ることです」と明るい声で話してくれる。そう言われてみると、アトリエ工房そのものが、まさに立川の街の記憶といっても良い。それにしてもアポなしの訪問であったにもかかわらず、笑顔で長時間にわたる会話が楽しく続いたものだ。

改めて立川の街を巡ってみる。たしかに界隈には「赤川ワールド」と表現すべき、優

「幸せな三楽士」（すずかけ三兄弟）（赤川政由作）

しい目をした赤銅色の人形たちが次々と顔を見せる。立川駅南口には「南の風が吹く頃」の少女像が立つ。緑川通りには「醤油を作る人」、立川市幸学習館の入り口には「大きなケヤキとカワセミとセロ弾き」の像、普済寺の境内には「家族のいない人達のために作られたお墓」が10数体の群像となって並ぶ。まさに立川は街そのものが赤川作品館である。

なかでも令和4（2022）年夏に完成した駅北口の「幸せな三楽士」（右写真）はメッセージ性が高い。これは立川基地返還の時に姿を見せた3本のすずかけの大木が発端だ。道路建設に邪魔になるからという伐採計画に対し、赤川たちは救出作戦を展開し、保存にこぎつけた。自然を残し、歴史を語るこの3本の木のエピソードを、次世代に伝えるため三楽士が考案されたのだ。駅北口のグリーンスプリングス北側に作られた木管三重奏のモニュメントは、道を挟んでまさに3本のプラタナスに対峙する。なかなかの舞台演出でもある。

いやいや立川の街だけではない。かようなメッセージを様々に持った銅板の赤川作品が国立・国分寺・小金井など中央線沿線の街々、そして全国各地に400体も作られているという。これはスゴイ。

※「風に向かって」の少年像は立川駅北口のデッキ上に立つ。「南の風が吹く頃」の少女像は駅南口に、「幸せな三楽士」は駅北口から徒歩5分。10体の群像の「家族のいない人達のために作られたお墓」が立つ普済寺は駅南口から徒歩15分である。

■あかがわまさよし　銅板造形作家。昭和26年に大分県日出町に生まれる。昭和49年にBONZE工房を立川市高松町の熊野神社近くに開設。立川在住は50年を超える。銅板にこだわった作品は立川市はもちろん、中央線沿線、さらには全国の町々に数多く立つ。老若男女の心に暖かな風を吹き込むと人気である。

赤川政由

辻仁成

はじまりは多摩平団地に沈む夕陽

『ボンジュール！　辻仁成のパリごはん』。

辻仁成と聞くと、少なからずの人がパリ暮らしを紹介するこのＮＨＫ番組を思い浮かべることだろう。ＮＨＫアーカイブス（令和4年春）ではこう紹介する。

「芥川賞作家、ミュージシャン、そしてシングルファーザーの辻仁成が、自身の暮らすパリの日常をほぼ自撮りで描く番組である。２０１４年から息子と二人暮らしをしてきた辻。２０２２年1月、ミニチュアダックスフンドの三四郎が家族となる。その愛らしさに癒やされつつ、想像以上に大変な〝子犬育て〟に翻弄される毎日だ。そしていよいよ息子の大学受験が始まった。父ちゃんは弁当や夜食でキッチンからエールを送る」。

今はパリに住む芥川賞作家の辻仁成。しかし生まれ育ったのは東京郊外の日野の多摩平団地である。多摩平団地は中央線豊田駅の北に広がる日本初のマンモス団地だ。昭和30（１９５５）年代初めのパンフレットには「富士の見えるニュータウン、40万坪の緑の街」と謳われていた。従前からの植生を生かした住棟配置は、団地設計の第一人者として著名な津端修一が手掛け、テラスハウスが導入されたのもここが全国初である。

西の赤い空を見上げながら動けなくなった

コロナ禍前に出版され、私が立川のオリオン書房で何げなく手にした辻仁成の著書がある。幼稚園までしかいなかった日野の町ではあるが、この地は辻には極めて鮮烈であったようだ。タイトルは長い。『84歳の母さんがぼくに教えてくれた大事なこと』（KADOKAWA）。その中にこんなくだりを見つけた。

「よく覚えていることがある。3歳とか4歳の頃のことで、ぼくは東京の日野市の団地に住んでいた。（中略）ある日、異変が起きた。その時、太陽が西の空に沈みかけていた。夕陽が空を赤く染め、そうだ、あれは秋の日の夕刻のことであった。長い夏の厳しさが通り過ぎ、空気にもツンとした冷たさが混じっていた季節。その時、ぼくは西の赤い空を見上げながら動けなくなってしまう」。

やがて心配して捜しに来た母親の言葉に包まれながら「世界をもっと知りたいとぼく

多摩平団地

は思った」と、その時の「こころ」の躍動を書き記すのだ。

「ぼくはその時から冒険を開始した。この世界を知るための大冒険である。その冒険はいまだ続いており、そして、ぼくはこれまでに数えきれないほどの、大中小、様々な世界を発見することができた。そのはじまりがあの日野市に沈む夕陽であり、日野市の夜空に輝く星たちであった」。


辻仁成は昭和34年に南多摩郡日野町（日野市）に生まれる。隣の立川では、「流血の砂川」の事態が起きようとしていた時だ。その後、父親の都合で日野から福岡、帯広、函館と各地を転々とし、函館西高校を卒業して上京し成城大学経済学部に進むも中退。昭和60年にロックバンドのボーカリストとしてデビュー。他方で平成元年、30歳の時に『ピアニシモ』ですばる文学賞を、平成9（1997）年の『海峡の光』で念願の芥川賞を受賞する。私生活では3度の結婚をしており、2度目は女優の南果歩と、3度目は女優の中山美穂と結婚し話題を呼んだ。

芥川賞がつないだ辻仁成と石原慎太郎

芥川賞を受賞した『海峡の光』は、生まれ育った多摩の丘陵団地から遥か遠い、高校時代を過ごした函館がその舞台である。

「廃航せまる青函連絡船の客室係を辞め、函館で刑務所看守の職を得た私の前に、あいつは現れた。少年の日、優等生の仮面の下で、残酷に私を苦しめ続けたあいつが。傷害罪で銀行員としての将来を棒にふった受刑者となって。そして今、監視する私と監視されるあいつは、船舶訓練の実習に出るところだ。光を食べて黒々とうねる、生命体のような海へ……。海峡に揺らめく人生の暗流」（新潮社『海峡の光』解説）。

ところで受賞の平成9年当時、芥川賞の選考委員として、この辻作品を最も強く推したのは石原慎太郎であった。「選評」ではこう評している。

「氏（辻仁成）の作家としての力量を感じさせる幅も奥も深い作品である。人間の心、というよりも体の芯の芯に潜む邪悪なるものの不可知さに正面きって向かい合い厄介な主題をとにかくもこなしている」（『文藝春秋』選評）。

辻と同じく、海と光を素材にした『太陽の季節』で、外ならぬ芥川賞の代名詞ともなった石原慎太郎。受賞時に隣街である国立の一橋大学生であった石原が、日野の丘陵で夕陽に魅入っていた園児が40年後に書いた作品を、反対する他の委員を抑えて推奨しているのだ。

そんな二人の繋がりを、時空を超えた中央線沿線の「縁」として感じてしまうとしたら、中央線ファンである筆者の、全くの独りよがりというものだろうか。

※日野の多摩平団地は中央線豊田駅の北側に広がる。平成9年から建て替えが進み、現在は再開発地域「多摩平の森」へと変貌している。

辻仁成

■つじじんせい（ひとなり）
作家。昭和34年に日野に生まれる。5歳の時に福岡へ。その後帯広、函館に住む。函館西高校から成城大学に進学。昭和60年にロックバンドのボーカリストでデビュー。平成元年『ピアニシモ』ですばる文学賞を、平成9年『海峡の光』で芥川賞を受賞する。パリ在住。

余話❶　立川飛行場の歴史はおススメ

中央線沿線の多摩地域はここ100年、日本の先端技術企業の集積地として発展してきた。発端は陸軍の立川飛行場だ。大正11（1922）年に陸軍航空大隊（のちの連隊）が岐阜県各務原から立川へ移駐したことから始まる。

飛行場だけではない。その後、陸軍航空技術研究所、陸軍航空廠、東京陸軍航空学校（のちの東京陸軍少年飛行兵学校）などが置かれ、また周辺には日立や立川飛行機（石川島播磨、現タチヒ）といった民間企業も配置される。現在の、昭和記念公園や多摩モノレール周辺施設の前身である。

いやエリアもこれら立川、昭島だけではない。研究開発施設や工場はやがて国分寺、三鷹、吉祥寺といった沿線一帯に広がっていく。小金井・国分寺には陸軍技術研究所（現東京学芸大学）、そして三鷹・吉祥寺周辺には隼で名を馳せた中島飛行機の研究所（現ICUなど）や製作所（現武蔵野市役所）が開設される。

戦前の立川飛行場は軍だけでなく民間企業にも広く利用された。大正14年には朝日新聞社「初風号」「東風号」が万歳三唱の中、欧州初飛行に向かった。昭和3（1928）年に最初の外国機であるソ連親善機が飛来し、翌年には「東京飛行場」が立川飛行場内にオープン。立川と大阪を3時間で結ぶ日本初の定期航空路が開かれた。その後も外国機の飛来が相次ぎ、立川飛行場は国際空港として華やかな時代を迎える。昭和初期の立川は、〝空の都よ、立川よ〟と小唄（写真「記念碑」）にも歌われた。

飛行場正門前にある昭和29年設置の記念碑

しかしやがて太平洋戦争に突入。その後立川をはじめとする多摩地域は激しい空襲を受け、大きな悲劇を生んだ。昭和20年の終戦とともに米軍が進駐。さらに米軍基地の飛行場拡大に対

昭和4年頃の大学通り（くにたち郷土文化館）。飛行機が離着陸したとも言われる

する砂川闘争の時代が続く。混乱はそれにとどまらない。戦後、米国によってわが国の飛行機の研究開発は徹底して禁止されることになる。日本の飛行機製造技術の高さへの警戒が極めて強かったからと言われる。

飛行機という職場を失った技術者たちは、さまざまな企業に分散する。自動車産業のトヨタ、日産、スバル、国分寺で研究された新幹線やロケット開発などである。すなわちかつての立川飛行場を軸にした多摩地域の先端技術は、シリコンバレーともいうべき日本の発展の知的集積を形成していったのである。

次頁に当時の中央線沿線の軍事施設などの配置図（図1）を掲載しておいた。東京郊外の、近現代史をゆっくり体感する機会を、散策コースとして年配層にも若者層にもおススメしたい。

なお国立の大学通りから立川飛行場や軽井沢飛行場へ飛行機が飛んだとも言われる。80頁からの余話②を参照してほしい。

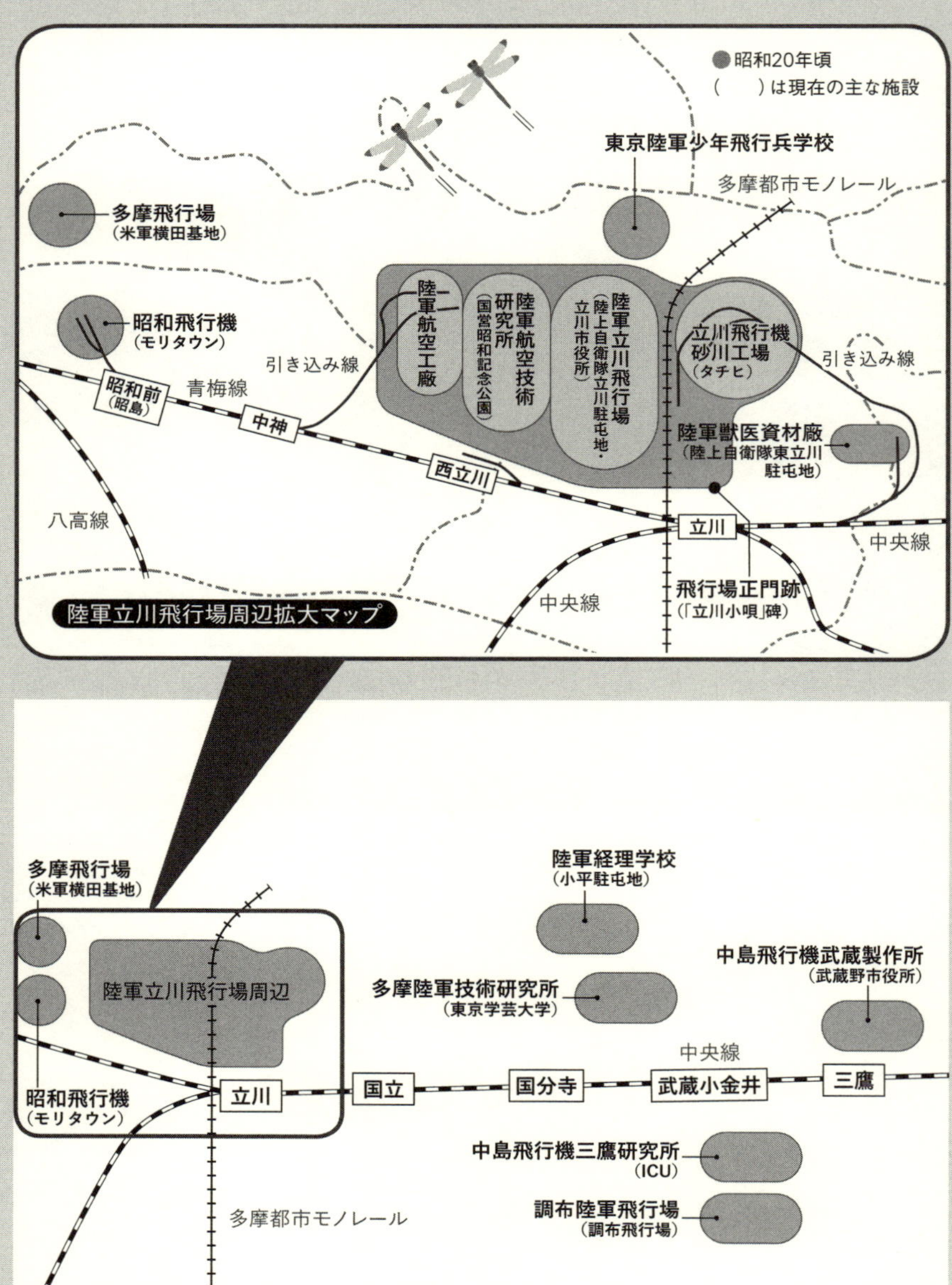

図1　陸軍立川飛行場と多摩の軍施設マップ

2章

国立編

山口瞳

国立を「わが町」の舞台とした生涯

散策好きの父・山口瞳

「山口瞳が家族で楽しんだ散歩道を辿りたい」。「作品の舞台になった国立界隈のお店を教えてほしい」。

地元の国立の観光協会にはしばしばそんな電話が入る。亡くなって30年近くになるというのに山口瞳のファンは多いのだ。それはそうだろう、町には「行きつけの店」の「まっちゃん」「うなちゃん」「繁寿司」「ロージナ茶房」などがしっかり現存しているのだ。高倉健主演『居酒屋兆治』の「文蔵」など、姿こそ消えたけれど谷保駅界隈の赤提灯街にはその気配が今も色濃い。

そんな地域のニーズを観光協会も地元市役所も受け止め、しばしば山口瞳イベントを仕掛けている。例えば〈国立を愛した作家 山口瞳ゆかりの地を歩く「くにたち散歩 くにたち文化人めぐり」〉などが企画される。しかも長男で同じく作家の山口正介の、〝生〟の「父の思い出」や戦後文学論もセットで講演される。常に数十人のファンたちが集まるというのもうなずける。時には突然に嵐山光三郎も会場に顔を出し、参加者を喜ばす。実は嵐山と山口正介は桐朋学園の先輩後輩である。

父山口瞳の散策好きを、山口正介はこう記している。

「そして、我が家は国立に引っ越してきた。国立は大学通りや一橋大学の構内など、散歩に絶好の街である。歩くことを好んだ父は、自宅から駅前まで、よく散歩をした」（『山口瞳の行きつけの店』山口正介）。しかし国立の散策は一人父親だけでなく、母親も息子も間違いなく好いていた。山口瞳は、国立の住民たちが聞けば、泣いて喜びそうな一文を残している。

「私は国立市を永住の地にしようと思っている。おそらく女房も同じ考えでいると思う。いや、もし、この町を出ていこうと私が言いだしたら、女房は顔面蒼白になって抗議するだろう」（『行きつけの店』山口瞳）

やがて国立の町には〝山口組〟が

山口瞳は大正15（1926）年の荏原郡（現大田区）生まれ。箱根土地の堤康次郎が、国立を学園都市として開発・販売を始めたのと同じ年である。そういう点では、国立の町の代名詞のようになった山口瞳は、文字通り国立の町の申し子と言ってよい。

山口が世に知られたのは、昭和36（1961）年の「トリスを飲んでHawaiiへ行こう！」のキャッチコピーだろう。サントリー広告部に所属していた山口が、柳原良平のイラストと共に世に出したものである。アンクルトリスは全国の人気者となった。その後、『江分利満氏の優雅な生活』で直木賞を受賞。やがてサントリーを辞める。

「昭和三十九年の三月、我が家は三年ばかりをすごした川崎市元住吉にあったサントリーの社宅を出て、国立に引っ越すことになった。直木賞を受賞した父はにわかに忙しくなり、いつまでも二足の草鞋（わらじ）というわけにもいかなくなって、サントリーを退職した。（略）引っ越し先はどこでもよかったのだが、丁度そのとき、僕が通っていた中学が国立市にあった。（略）ともかく、父の言い方にならえば「他に根拠がない」ので、国立に引っ越すことになった。父はこの町が気に入り、僕の通学の便もいいということで、この町に転入した。以後、終生、父は国立を「わが町」として愛し、小説、エッセイの舞台とした」（『山口瞳の行きつけの店』山口正介）。

山口瞳の国立の町への思いは尋常ではない。そして町の魅力と山口の磁力に多くの才人が集まり、そのカオスは新しい国立の発信力となった。やがてその集団は国立の〝山口組〟と称されるようになる。〝組員〟は、柳原良平（イラストレーター）、嵐山光三郎（作家）、関頑亭（彫刻家）、関敏（彫刻家）、滝田ゆう（漫画家）、駒田信二（作家）、田沼武能（写

山口瞳

■やまぐちひとみ
作家。大正15年、大田区生まれ。昭和33年に寿屋(サントリー)に入社し、「トリスを飲んでHawaiiへ行こう!」のキャッチコピーで有名に。昭和38年に『江分利満氏の優雅な生活』で直木賞受賞。昭和39年に国立市に転居。70年近くを国立で過ごし平成7年に他界した。

真家)、伊藤接(画家、ロージナ茶房マスター)、沢野ひとし(イラストレーター)、津戸最(谷保天満宮宮司)といった面々である。あっ、常盤新平(作家)ももちろんそうだ。

引っ越してきた国立への往時の思いを山口の作品からもう一つ紹介しておこう。

「引越してきて最初にやったのは、町中を隈なく歩くことだった。あたかも鳥や獣が自分のテリトリーを確認するかのように……(略)。そのうちに文芸評論家の山本容朗(ようろう)さんから耳よりの話を聞くことができた。つい最近まで国立市に住んでいた詩人の草野心平さんが、この町に来たときに私と同じことをやったというのである。その結果、合格したのが寿司屋の繁寿司、焼鳥のまっちゃん、鰻のうなちゃんであったという。草野さんは御自分で料理をなさるし、火の車ほか何軒かの小料理屋を経営したことのある方である。舌は肥えているはずだ。それよりも私は草野さんを敬愛していたから、草野さんの意見にまず従ってみようと思った」(『行きつけの店』山口瞳)。

この山口の目に合格した店はほとんど駅の界隈である。

多くの文人たちの交差は、こうして国立の町にじっくり織り込まれていったのである。

※山口瞳は谷保天満宮にもしげく足を運んだ。その梅林の一角に「山」と「口」をアレンジした石碑「山口瞳記念碑」(関敏作)が建つ(南武線谷保駅徒歩5分)。「繁寿司」「まっちゃん」「うなちゃん」は国立駅界隈である。

国立の草野心平。肩の鷹はタカ蔵（いわき市草野心平記念文学館）

草野心平

富士見通りを徘徊した蛙の詩人

草野心平が謳い棟方志功が描く

詩人草野心平といえば、多くの人が静かな「蛙の詩」を思い浮かべることだろう。しかし国立の商店街の人たちにとっての草野心平は異なる。燃える富士を謳った強烈な詩「天地氤氳」（※1）を想起する。

黒スエターのおれはいきなりマフラをひっかけ外へ出た。
国立町富士見通りは文字通り富士見通りで。道路の真正面に
まっぱだかの富士がガッと見える。
太陽はいま。
富士の横っ腹で。
火吹竹のように怒る血だるま。

※1 氤氳（いんうん）：生気・活力が盛んなさま。

（詩画集『富士山』、草野心平詩集・棟方志功板画）

この詩を富士見通りの中商店会は、平成24（2012）年に作成の「商店街ガイドブック」に見開きでドンと大きく掲載している。昭和36（1961）年春から3年近く、この通りの界隈に住み、生活の舞台としていた草野心平。しかもこの詩画集に描かれる富士の板画は、草野が交流を重ねていたかの異才、棟方志功の手による。

「手前にはパイプを燻らせ富士見通りを闊歩する心平氏、眼下にはネオン灯る富士見通りの街並みが広がる。そして行く手には雄大な富士の姿がガッと迫ってきます」

そう「商店街ガイドブック」は解説する。すなわち富士見通り中商店街の人たちは、詩人草野心平が謳った通りで、世界の棟方志功が描いた富士とともに暮らすのである。人々がこの富士見通りを自慢とするのは当然である。

国立は公私ともの転機の地

草野心平は福島県石城郡上小川村（現いわき市）の出身。中国の嶺南大学在学中に詩誌『銅鑼（どら）』を創刊、帰国後も『学校』『歴程』を刊行し、同人として活動を続けた。代表作の『第百階級』は昭和3年の発刊。全編が蛙を素材とする特異な詩集である。「第百階級」とは心平の造語で、封建社会における蛙の階級である。その詩集の冒頭が、誰もが知る「秋の夜の會話」である。

さむいね
ああ さむいね
虫がないてるね
ああ 虫がないてるね
もうすぐ土の中だね
土の中はいやだね

この『第百階級』の序文に、高村光太郎はこう書いている。
「彼は蛙でもある。蛙は彼でもある。しかし又そのどちらでもない。それになり切る程通俗ではない。又なり切らない程疎懶(※2)ではない」。

草野は生涯、蛙の作品を作り続け、その数は200編にも及ぶ。昭和25年に『蛙の詩』で第1回読売文学賞。「草野心平は、中国語や英語が堪能で、なかでも蛙語が一番うまい」とさえ言われたという(「人物録」NHKアーカイブ)。

もっとも心平が愛したのは「蛙」だけではない。心平は実生活でも犬や猫、梟、鳶、山羊などの動物たちを愛し身近に接していた。32頁の写真を見ていただきたい。大きな鳥を肩に乗せ、愛おしそうに見つめている。いわき市の草野心平記念文学館の学芸員いわく、「この肩の鳥は、草野がタカと思い〝タカ蔵〟と命名したが、後日それがトンビと知って慌てていたようです」とのこと。国立の中一丁目の自宅で撮られたという草野

※2 疎懶(そらん):なまけること。

草野心平

■くさのしんぺい　詩人。明治36年、福島県いわき市生まれ。代表作『第百階級』は昭和3年刊。昭和25年に『蛙の詩』で第1回読売文学賞。「蛙の詩人」ともいわれる。国立に昭和36年に転入し、3年近く富士見通り沿いに住む。昭和62年に文化勲章受章。昭和63年に85歳で没した。

心平の貴重な一枚である。

この詩人が国立に引っ越してきたのは昭和36年。すでに50代も後半になっていた。39年には東村山に初めて自分の新居を構え転居する。生涯に三十数回も引っ越したといわれる放浪の詩人だが、国立が借家住まいの最後であった。ここで草野は、それまでの蛙の諸作品を「定本」とすることとし、国立を離れる昭和39年に『第四の蛙』として刊行。「然らば蛙たちよ、一本になって何処へなりと出て行け」。

こう、『第四の蛙』の「覚え書Ⅲ」には書かれている。国立の町はこの詩人にとって公私共に大きな転機の場であったようだ。

その国立で草野心平が通い詰めた店が、駅前酒場界の重鎮「まっちゃん」である。かつて「女性客はおことわり」との看板を出して話題になった居酒屋だ。中央線の高架化前から、〝名所〟と呼ばれた中央線の狭い国立ガードの脇で店を構えていた。現在の店主はこう話す。「私の親父は草野さんとはとても懇意でした。頻繁に飲みに来てくれていましたからね。草野さんが亡くなったとき、親父は所沢の病院に駆けつけましたよ」。

「まっちゃん」の奥座敷の壁には、今も草野心平の手による焼き鳥の絵と書の2つの額が泰然として客人を見下ろしている。

昭和62年に文化勲章受章。昭和63年に没、85歳であった。その通夜の場には、一匹の大きなガマ蛙が現れ、参列者を驚かせたという。

嵐山光三郎

国立のまちの無類の愛郷人

〝国立天動説〟を唱える

突然だが嵐山光三郎を語るとしたら、国立駅の命名の由来から取り上げたい。

言うまでもないが「国立」という駅名は、大正15（1926）年に駅が開設されたとき、両隣の国分寺駅と立川駅から1字ずつとってつけられたものだ。しかしこの〝通説〟に異論を唱えたのが光三郎センセイである。

「作家で国立住人の嵐山光三郎さんは、『いやいや、国立は隣の国分寺と立川に一字ずつわけてやったのですよ。国立はえらい』などと言う。国分寺や立川の人に怒られそうですが」（『人生、飄々と。――頑亭が行く』関頑亭）

こうした愛郷人のまことに「無頼」で「無類」の発言を、国立の守護神と言われていた彫刻家関頑亭は〝国立天動説〟と言うと、その著で嬉しそうに讃えている。

さてその嵐山センセイ。まん丸な顔、愛嬌のあるヒゲ、カランコロンという下駄ばきの音。「国立名物」とも親しまれるこの人気作家を、地元の人たちは敬愛を込めて「コーザブロー先生」と呼ぶ。

昭和17（1942）年浜松市生まれ。戦後すぐの昭和25年に国立に移住。国立市東の、新聞記者たちが集まる〝プレスタウン〟といわれた一角である。小学校2年の時のことだ。地元の国立学園小学校を経て、桐朋中学・高等学校で青春を過ごす。この桐朋時代の日々は、のちの自伝小説ともいうべき『夕焼け学校』『夕焼けの町』の中で、恋にケンカにと痛快に描かれ、国立と桐朋学園を大いに有名にしたものだ。

國學院大學国文科を卒業、平凡社に入社し、のちに『別冊太陽』と『太陽』の編集長となる。檀一雄や澁澤龍彦と交流するほか、演劇の唐十郎、麿赤児（まろあかじ）、作家の村松友視、南伸坊、糸井重里、写真家の篠山紀信など多彩な面々と広く交わった。昭和51年、ロングセラーとなった合作絵本『ピッキーとポッキー』を安西水丸と出版。その後独立し、本格的な作家活動に入る。タモリ司会の「笑っていいとも！増刊号」（フジテレビ）にも「編集長」としてレギュラー出演していたと思い出す人も多いだろう。

趣味は料理で、昭和63年に『素人庖丁記』で講談社エッセイ賞。長年、松尾芭蕉について研究評論を続けており、平成12（2000）年には『芭蕉の誘惑』でＪＴＢ紀行文学大賞、平成18年に『悪党芭蕉』で泉鏡花文学賞を受賞する。

『夕焼け学校』『夕焼けの町』

嵐山光三郎の地元密着度はすこぶる高い。界隈に鳴り響くのはカランコロンの音だけではないのだ。例えば地元の谷保天満宮で、宗匠となって市民向けの「句会」を開く。かと思えば南伸坊と一緒になって「こども俳句教室」も開く。市内にあるギャラリー明窓浄机館を会場に、小学生たちとも吟行する。ちなみにこのギャラリー館は、「収ちゃん」こと国立市観光まちづくり協会の佐藤収一元理事長が運営する。『夕焼け学校』『夕焼けの町』で登場する桐朋の悪友であり、生涯の友である。それだけに二人は、この館での国立の町の歴史文化の展示活動には、労を惜しまずサポートを続けてきている。

嵐山は町の将来にも気を配る。いつぞや国立のくにたち芸術小ホールで、頑亭先生とのトークライブ「国立を魅力的な町にする法」で、こんなメッセージを披歴して話題となったこともある。

「この国立を花の町にしよう。国立には春は桜がある。秋は銀杏が色づく。しかし夏はこれという花がない。夏はこの町を朝顔の花で埋めたい。しかも朝顔は、伸びるツタをきっかけにお隣との関係を築けるなど、よい町づくりのきっかけになる」。

もっとも世の中、なかなか思うようにはいかない。朝顔は維持管理が難しいのだ。地元で「くにたち朝顔市」こそ30年ほど続いているものの、朝顔の町というにはまだ遠いようだ。

存在感の大きなコーザブロー先生だが、もう一つ、国立のまちを盛り上げた文化人集団〝山口組〟の一員としての活動が特筆されてよいだろう。国立の町を愛し続けた〝組長〟格の山口瞳が平成7年に他界した折、次のような追悼文「透明な光と影」を送っている。二人の関係の深さと、二人がそれぞれに持つ国立の町への思いの深さが伝わる。その一節を掲げておきたい。

「先生は国立をあたたかい目で見守ってきた小説家です。先生の目はつねに市井の人物にむけられておりました。これほど自分が住む町に深く潜入して、町の様相を書きつづけた小説家はいません。先生の目は、無名でひたむきな人々にむけられておりました。多摩の田舎であった国立町は、先生がつむぎ出す物語の断片により、魔法をかけられたような町になったのです。これは文芸の魔法ですが、先生が書きたかったのは、日本じゅうのどんな小さな村や町にも物語があり、人々が一生懸命に生きている、ということだったと思うのです。弱き者を応援し、負け組を力づけ、失われていくものへの挽歌が山口文学に通底しています。おかげで、国立は貧乏でありつつもココロザシの高い町になったのです」(『くにたちを愛した山口瞳』嵐山光三郎「特別展図録」)。

※明窓浄机館は、国立駅南口から富士見通りを歩いて10分ほど。近くに関頑亭宅を改造した、嵐山光三郎や山口瞳の著書などを置くギャラリー茶房「頑亭文庫」がある。

嵐山光三郎

■あらしやまこうざぶろう
作家。昭和17年生まれ。昭和25年に国立に移住。国立学園小学校を経て桐朋中・高校で青春を過ごす。國學院大學卒後、平凡社に入社。『別冊太陽』『太陽』の編集長を歴任。テレビ『笑っていいとも！増刊号』にも「編集長」でレギュラーに。平成18年『悪党芭蕉』で泉鏡花文学賞。令和6年『老人は荒野をめざす』を出版。

滝田ゆう

時代を席巻したレトロの漫画群

漫画家の滝田ゆうと聞けば、団塊の世代ならずとも多くの人が、哀愁を帯びた色街の風景と月刊漫画『ガロ』の表紙を懐かしく思い浮かべるに違いない。70年代に、同じ『ガロ』に載りながらも、強烈な白土三平の『カムイ伝』の毒を希釈するような、滝田ゆうのレトロでユーモアの漂う作風は往時の若者の心をほんのりと癒やしたものだ。

その漫画家滝田ゆう、本名は滝田祐作。昭和6（1931）年に台東区下谷に生まれた。しかし母が早逝。向島区寺島町（墨田区向島）の私娼街玉の井に、義理の両親らと6人家族で育つ。終戦後、國學院大學文学部に進むもののほとんど通わずに中退。昭和24年に名作『のらくろ』を描いていた田河水泡の内弟子となる。昭和34年の『カックン親父』で本格的に漫画家デビューする。

滝田ゆうと国立との関係は長く、深い。昭和40年の34歳の時、都内から富士見台団地に引っ越して来たのが始まりだ。10年後の昭和50年、44歳の時に国立市東の旭通りに転居。そこを終の棲家とした。

滝田ゆうが一気に人気を得るのは、昭和43年から『ガロ』に連載した『寺島町奇譚』からである。自身の色街に育った少年時代をモチーフとした半自伝的作品である。綿密な作画で作者の内面を表現し私小説ならぬ私漫画とも呼ばれた。『泥鰌庵閑話』『滝田ゆう落語劇場』なども人気を博し、『裏町セレナーデ』で日本漫画家協会賞大賞を受賞。坊主刈りで着流しに下駄履き姿が、国立の町でも大いに人々に親しまれる。NHK「脱線問答」にレギュラー出演したり、『オール讀物』に「滝田ゆう歌謡劇場」を連載するなど、テレビ、雑誌にも繁く出演し、人気者となった。

朝子夫人を訪ねる

そこで私は、国立駅前の旭通り沿いの滝田ゆうの自宅に朝子夫人を訪ねてみた。痛快な夫人の談はまことに歯切れがよい。「滝田はこのちゃぶ台に丸くなって筆を走らせていたんですよ」という、まさにそのちゃぶ台を囲んでのインタビューである。横からは仏壇の滝田ゆう（右写真）が笑顔で覗く。

「滝田が普通の漫画と違って作風というか今の描き方に変えたのは、売れなかったからですよ。そうそう、つげ義春さんの影響は受けましたね」。のっけから漫画ファンが聞けばわくわくするエピソードが語られる。漫画界の異才をあまた輩出した月刊漫画『ガロ』。滝田はここで、つげ義春や『赤色エレジー』の林静一らと交わる。つげ義春は１９７０年代前半には『ねじ式』『ゲンセンカン主人』などシュールな作風が高い評価を得て、熱狂的なファンを獲得していた。その彼の影響から滝田ゆうは独自性を持つ作風に、ガラッと変えたと朝子夫人は言う。

「お酒は好きでしたが、人を観察することが鋭くて、遠くから客観的に見てたんでしょう。国立の駅近くの居酒屋の『いぶき』や鰻の『うなちゃん』でよく飲んでは、時に玄関で寝そべっていたりしました」。それだけではない。滝田は人との交わりが好きだったようだ。テレビや週刊誌のグラビアにも頻繁に出演した。「テレビと宴会は何をおいても出てゆく」（『ぬけられますか――私漫画家　滝田ゆう』校條剛）とも発言しているのだ。

「（滝田の）風貌は、目鼻を一つ一つ見るといい仕上がりではないですが（笑）、でも全体はほんのりとした優しいお父さんでした」。仏壇に置かれた夫の若い頃の写真を見ながらの朝子夫人の思い出談である。インタビューする方も心が和む。

「葬儀屋さんのテレビＣＭにも出演していましたが、実はお墓は苦手でしたよ。調布に住んでいた水木しげるさんの家にお邪魔したときなど、あの妖怪の話は怖い、怖いと言っていました」。そうなのだ。滝田は立川に本社を置く「メモリアルアートの大野屋」のＣＭをやっていたっけ。平成２（１９９０）年、58歳で死去。

「そうそう、嵐山（光三郎）さんは近所のお住まいだったから、平凡社のお勧めだった頃には我が家に原稿を取りに来ていました。自転車に乗って早朝に来ていましたよ」。そういえば滝田は終戦後、國學院大學に進んでいる。中退はするものの、嵐山の大先輩であった。国立での舎弟関係は明確である。

滝田は山口瞳や嵐山光三郎らと国立の地元でしばしば絵画展を催した。「滝田ゆうを除いて国立はない。そう思います」。こう笑顔で言い切っていた朝子夫人の言葉には、亡き夫と国立の町への思いが伝わるというものだ。

ところで、つげ義春といえば『ガロ』に発表した『ほんやら洞のべんさん』でも有名である。その「ほんやら洞」という名のジャズ喫茶が、何と国分寺駅南口に店を開いている。昭和52年に開店、ジャズシンガーの中山ラビが経営し、音楽ファンだけでなく、漫画家や作家たちも屯(たむろ)した店である。入口全体を鬱蒼(うっそう)としたツタの葉が覆う70年代の風情である。滝田ゆうであれば、畏友つげ義春のつながりを感じさせるこの「ほんやら洞」に、あの着流しで下駄を鳴らし立ち寄ったことだろう。そのことを確かめたくて令和6(2024)年5月にご自宅を再訪問。すると「母は先月亡くなりました。父と同じ狭山湖畔霊園に眠っております」と娘さん。またひとつ昭和が国立の町から消えていた。

『国立駅風景』滝田ゆう

■たきたゆう
漫画家。昭和6年、台東区下谷に生まれた。昭和40年に国立市富士見台団地に引っ越す。國學院大學中退。田河水泡の内弟子となる。44歳の時に国立市の旭通り沿いに転居。『ガロ』連載の『寺島町奇譚』で人気を博し、『裏町セレナーデ』で日本漫画家協会賞大賞。平成2年逝去。

滝田ゆう

石原慎太郎

芥川賞、一橋大学、そして国立のまち

芥川賞を語るのに石原慎太郎は欠かせない。石原慎太郎を語るのに一橋大学と国立の町は欠かせない。言うまでもなく石原は作家としてスタート後も政治家を目指し、昭和43（1968）年に参議院議員に当選、その後衆議院議員に転じ環境庁長官、運輸大臣を歴任。平成11（1999）年から東京都知事として4期13年間を過ごす。

ここでは作家としてスタートする一橋大学時代の、石原慎太郎の姿を「国立の風景」として紹介しよう。

石原は昭和7年に神戸に生まれる。2年後に弟裕次郎が誕生。父の転勤に伴い5歳の時に小樽に、11歳の時に逗子に転居する。その後、湘南高校に入るも1年休学し、父親の急逝にあうが20歳で一橋大学に入学。大学2年の後半、小金井の下宿を出て小平の一橋寮で暮らすようになる。小平分校内にあった一橋寮は4人部屋である。今にも崩れそうな木造の、冬には雪が降り込むひどい建物であったようだ。しかし「貧しい中での高歌放吟の快楽」を味わったと自伝に記す（令和4年6月9日「お別れの会」栞）。

逗子からの通学に戻った24歳の時、『一橋文芸』に『灰色の教室』を発表。それを下地にした『太陽の季節』で昭和31年1月に芥川賞を受賞する。2日をかけ執筆し、3日をかけ清書したとの伝説が残る『太陽の季節』。この一冊は国立の町とともに、その後の石原の人生を形づくる。

「ロージナ茶房」は石原慎太郎のオアシス

ところで国立駅南口には、在学中の石原慎太郎が足しげく通ったという「ロージナ茶房」がある。「ロージナ」とはロシア語で祖国、あるいは大地の意味である。

「昭和29年に、画家だった父の伊藤接（せつ）がギャラリーカフェとして開店したんです」。

そう語るのは子息で2代目マスターの伊藤丈衛（じょうえ）である。店内の壁には数多くの絵画が飾られ、もちろん伊藤接の絵も並ぶ。文学や音楽にも造詣が深く、「国立文化」のキーパーソンのひとりであった。「ロージナ茶房」は、山口瞳、常盤新平、嵐山光三郎、中村八大、きだみのるなど多くの文

ロージナ茶房

化人たちの集まる梁山泊でもあった。

石原慎太郎は湘南高校の頃、終戦による学校や社会の激変に衝撃を受けながら、その一方で美術部に属してシュールな作品を描いていた。その彼にとって、入学した国立の町で、画家である伊藤接との出会いは貴重なものと言える。伊藤は陸軍士官学校卒。戦後は共産党との関係も持つ一方、海外での情報収集に動いていた。２代目店主はこんな話も語ってくれる。

「父は陸士の頃から諜報活動に関与していたようです。その関係もあってか、戦後、日本船舶振興会の笹川良一から一時は毎年少なくない資金を得て、中東や欧州に長期に出かけていました。とくに港湾関係の写真などを撮っていたようです」。

こうした多様な経歴を持った伊藤の存在は、石原にとって大いに魅力であったに違いない。長い交流が始まる。伊藤は大正15（１９２６）年に生まれ、石原とは7歳違いの兄貴分でもあった。

「石原さんは私の父を慕い、絵を習ったりしていました。母の安子（やすこ）はジャズピアニストでしたから、店の2階での母の演奏も頻繁に聴きに来ていたようです。卒業後もよく電話がかかってきました、『石原慎太郎ですがマスターはいますか?』と。『こんな絵を買おうと思うがどうだろうか?』とか『行方不明になっている画家の○○の消息を知りませんか?』とか聞いていていました」。

しかし愉快なことは、こうした交流のあった二人ですが、父親の接はこうも話していましたと文衛店主は笑う。

「石原慎太郎は生意気だった。自分は弟（裕次郎）の方が好きだったなあ」。

石原慎太郎って誰ですか？

その石原慎太郎が死去したのは令和4（2022）年2月。しかし時間が経つというのは残酷なものである。地元の文化保存の活動に尽力しているザ・サトウの会長で、国立市観光まちづくり協会の佐藤収一元理事長は、過日会うとこう嘆いていた。

「私が開いている市民向けの展示会場『明窓浄机館』。そこには石原慎太郎が一橋時代に楽しんでいたビリヤード台が置いてあります。昭和5年から大学通り東側にあったビリヤード『ミドリ』。そこは平成7年に閉店しましたが、残されていた台やキューを慎太郎のゆかりの地域遺産としてここに譲り受けたのです。しかしこの春、入社してきた若い人たちにその由来を話したところ、あのぉ石原慎太郎って誰ですか？と聞くのですよ。いやあ、唖然としましたね」。

※「ロージナ茶房」は国立駅南口から3分。一橋大学キャンパスは同じく5分。「明窓浄机館」は駅南口から富士見通り沿いに徒歩で10分である。

石原慎太郎

■いしはらしんたろう　作家、政治家。昭和7年に神戸に生まれる。一橋大学に入学、逗子の自宅から小金井に下宿した後、小平の一橋寮で過ごす。在学中の24歳の時に『太陽の季節』で芥川賞を受賞。その直前に典子夫人と結婚。昭和43年に参院議員に当選、後に衆院議員となる。平成11年から13年間を東京都知事に。令和4年に89歳で逝去。

令和5年6月「献灯使」仏訳の受賞式、パリにて

多和田葉子

少女を世界に翔かせた国立富士見台団地

多和田葉子は昭和35（1960）年に中野区で生まれた。小学一年で、昭和40年新築の国立富士見台団地に移り、五小、一中という国立育ち。立川高校から早稲田大学露文科へ。ドイツにわたりハンブルク大学大学院で修士を修了。平成12（2000）年にチューリッヒ大学で博士号を取得。ベルリンに暮らす。平成5年に『犬婿入り』で芥川賞受賞。最近のことはNHKの特設サイト「ノーベル賞2022」から紹介したい。

「海外の文学賞を受賞したことで、にわかに脚光を浴びているのが、多和田葉子さんです。大学を卒業後、およそ40年にわたってドイツで暮らしている多和田さんは、日本語とドイツ語の2つの言語で小説の執筆を行っていて、作品は10を超える言語に翻訳されています。作品は国際的にも高く評価され、6年前にはドイツで最も権威のある文学賞の一つ『クライスト賞』を受賞、そして4年前にはアメリカで最も有名な文学賞『全米図書賞』の翻訳文学部門に選ばれているんですよ。多和田さんは各地で開かれている本の朗読イベントに参加するなど、国際的な知名度は高く、イギリス政府公認の『ブックメーカー』が毎年行っているノーベル文学賞の受賞者を予想する賭けに、3年前（2019年）初めて名前が挙がったことで注目されています」（2022年9月27日版）。

『犬婿入り』の舞台は富士見台と谷保

平成5年の芥川賞となった多和田葉子の作品『犬婿入り』は、不思議な小説である。とある団地に住む子どもたちが通う学習塾が舞台。その塾を開く独身女性のところに〈犬男〉が現れて共同生活を始めるのだ。界隈は作品の中でこう紹介される。

「そもそもこの町には北区と南区のふたつの地区があって、北区は駅を中心に鉄道沿いに発達した新興住宅地、南区は多摩川沿いの古くから栄えていた地域で、今では同じ多摩に住んでいても南区の存在すら知らない人が多いけれども、北区に人が住み始めたのはせいぜい公団住宅ができてからのこと」（『犬婿入り』）。

北区とは南武線の北側に沿って立ち並ぶ富士見台団地であり、南区とは縄文の古くからこの地を形作ってきた谷保村エリアと言われる。

「そんな南区に団地の子供たちが出かけて行くのは、以前は写生大会とカエルの観察の時くらいだったのが、キタムラ塾ができてからは、子供たちは塾へ行く日が来ると、まるで団地の群れから逃れようとでもするように、せかせかと多摩川の方向へ向かい、広い自動車道路を渡って、神社の境内の隣を通って、梅園をこっそりくぐりぬけて近道し、北村みつこの家の垣根の壊れたところをくぐりぬけて、庭に飛び込んで行くわけだった」(同著)。

甲州街道や谷保天満宮を想起させつつ、民話的なストーリーが展開する。国立の町は、近代的な市街と縄文的な村落を抱えるだけに、どうやらこうした不思議な世界が着想されていくのかもしれない。そういえば、令和4年春に、くにたち市民芸術小ホールで彼女が書き下ろしたオペラ『あの町は今日もお祭り』が上演された。その時の案内パンフレットにもこう書いている。

「国立は小さな市ですが、そこには縄文時代、江戸時代、昭和の歴史が刻まれ、神社の境内や多摩川には不思議な霊たちも住んでいるし、歩道橋や桜並木には歩行者や障碍者のことを考える国立の心が宿っています。自分の育った国立のことを思い出しながらベルリンで書いたオペラです」。

「体験すること」こそとても大事

半世紀前に家族で団地に越して来た父親の多和田栄治に、少女期の葉子の姿を尋ねてみた。

「葉子は外国の絵本や小説に興味を持ちましたね。それを見て私は、作家に直接手紙を書いて感想を伝えなさい、つたない英語でいいからと言っていたのです。作家の住所は私の方で探すからと」。

父は娘と同じ早大露文の卒業だ。書籍輸入や翻訳出版を生業としている。海外での知人友人も多い。

「いや私は『体験すること』こそとても大事と考えています。葉子は学生の頃ナホトカからシベリア鉄道で欧州へ旅したり、インド、ネパールへギターだけ持って回ったり、世界各地を訪れるのですが、どの国であれ危険だから行くのはやめなさいと言ったことは一度もありません。その体験が葉子の作品と自信を作っています。ある授賞式のスピーチで、『父は私の行動に一切口を挟むことがなかった、本当に感謝しています』と褒められましたよ（笑）」。

半世紀前の団地でのあの小柄だった少女が、今や世界的な作家になった。何とも痛快である。家族だけではない。地元国立の誰もが彼女のさらなる翔きを心待ちにしている。

※富士見台団地は南武線谷保駅の北側に広がる。団地は国立市役所やくにたち市民芸術小ホールに隣接する。谷保天満宮は南武線の南を走る甲州街道を越え、徒歩3分に位置する。

多和田葉子

■たわだようこ
作家。昭和35年、中野区生まれ。小学1年で国立富士見台団地に移り、国立市立五小、一中で過ごす。立川高校から早稲田大学露文科へ。ハンブルク大学大学院で修士号、チューリッヒ大学で博士号を取得。ベルリンに暮らす。平成5年に『犬婿入り』で芥川賞を受賞。令和6年の読売新聞に『研修生』を連載する。

辻井喬〈堤清二〉

「国立学園理事長」としての62年

作家辻井喬。本名は堤清二。国立学園都市をつくった箱根土地（のちの西武グループ）の、社長堤康次郎の次男である。生まれは昭和2（1927）年。国立町での分譲が始まった、まさにそのころである。

小学校は国立学園小学校に通う。父康次郎が、誘致した東京商科大学（一橋大学）の教職員の子弟のため、大正15（1926）年に創設した学校だ。清二は七期生として入学するだけでなく、亡くなるまでの62年の長きを学園理事長として務めた。開設当時の国立学園小学校の風景を、子息を一期生として就学させた志田次子は著書に次のように残している。次子は国立駅前の老舗そば「志田」の創業者だ。

「学園は芝生を植えた土堤で四方を囲み、敷地内はこれまた要するに雑木林、林の中に赤いスレート屋根と白い子ック湿喰い壁の可愛らしい校舎があって、それはまるでお伽の国のようでした。国立駅とどこか共通した感じがしたのは設計者が同じ人であったからでしょうか」（『くにたちに時は流れて』志田次子）。

当時の国立駅舎について、「赤い三角屋根にクリーム色の外装をしたピカピカの国立駅舎は印象的でした」（同著）と伝えている。もし国立学園小学校が、国立三角駅舎とおなじ設計者の河野傳（つとう）というのであれば、大いに楽しい話である。

開校当時の月謝は月5円。庶民レベルとはちょっと言い難い。国立学園では創設時から、軽井沢千ヶ瀧で夏季学校が開かれた。千ヶ瀧は箱根土地が開発した100万坪の別荘地であった。子どもたちの宿舎は箱根土地の貸別荘2棟、期間は2週間。学園都市という、ハイクラスの文化住宅地を標榜する堤康次郎の構想の中に、子弟の学校生活も間違いなく位置付けられていたといえる。

小学校に入った当時、清二は三鷹に住んでいた。創業者の息子ということで、一目置かれていたことだろう。しかし国立学園小学校では幼い清二に出生からの暗い影が落ちる。母は康次郎の正妻ではなかったからだ。「父が家にいないということで、学校の友達は私を仲間はずれにした」（『彷徨の季節の中で』辻井喬）。時に侮蔑の言葉を投げた同級生を、狂ったように撲（なぐ）っていたとも書き記している。

国立学園の後輩には作家の嵐山光三郎、作曲家の服部克久、早稲田大学総長となった白井克彦らがいる。最近では歌手の三浦祐太朗、俳優の三浦貴大の兄弟がいる。

堤清二は国立学園小学校の後、府立第十中学（都立西高校）、旧制の成城高校を経て東京大学経済学部に入学する。同級生の氏家齊一郎（のちの日本テレビ社長）などから勧誘され日本共産党に入党。のちに除名。昭和29年、西武百貨店に入社。入社当時は二流・三流といわれた西武百貨店を清二は80年代後半には売上高日本一の百貨店に成長させる。ホテル経営やリゾート開発へも乗り出しセゾングループを形成する一方、私財を投じて「セゾン文化財団」を創設。しかしバブル崩壊によって、セゾングループの経営は破綻を迎え、平成3（1991）年にグループ代表を辞任する。

作家としての辻井喬は、平成6年に『虹の岬』で谷崎潤一郎賞を受賞。「父との確執と父への理解」に加え、大企業の経営者というモデルを通じた小説を多く執筆し、平成16年にはその集大成ともいえる『父の肖像』で野間文芸賞を受賞した。

平成25年に86歳で他界。翌年行われた帝国ホテルでのお別れの会は、実行委員長をドナルドキーンと林野宏（クレディセゾン社長）が務めた。交友活動は極めて広い。三島由紀夫とも交友を持ち、「楯の会」の制服を制作するにあたっては、五十嵐九十九（ドゴールの軍服のデザイナー）を手配するなどの便宜を図ったと言われる。

三角駅舎はなくせない

それにつけても生涯通い詰めた堤清二の国立のまちと、三角駅舎への愛着は強い。平成18年に中央線の高架化に伴って国立駅舎が解体されようとした折、その保存を求める市民団体のチラシにこんなメッセージを送っている。

「都市計画は技術的な面が整っていればいいという性格のものではなりません。それは町に住む人々と一体のもので、だから安らぎも生まれるのです。当時の一橋大の学長佐野善作氏と私の父が学園都市を計画した時、モデルにしたのはドイツの大学町と英国の都市計画でした。学生達が通学するには大量交通機関が必要と考え、当時の鉄道省に働きかけて請願、駅が生まれたと聞いています。駅名を決めることになって国分寺と立川の間なので「国立駅」に決まったと父は嬉しそうに言っていました。こうした経緯で作られた駅舎は、当然学園都市計画と一体のものとして設計されたのです。高架化に伴って、一方的に現在の駅舎をなくしてしまうという対応を認めるわけにはいかないと思います」（『国立駅舎保存の会』パンフレット）。

亡くなる数年前の、堤清二80歳のときのメッセージである。

※国立学園小学校は、国立駅南口を降り、富士見通りを通って徒歩10分。堤清二の後、理事長は作家黒井千次が継いだ。

辻井喬〈堤清二〉

■つじいたかし〈つつみせいじ〉
昭和2年生まれ。小学校は国立学園小学校。東京大学卒業後に西武百貨店に入社。セゾングループを形成する一方、「セゾン文化財団」を創設。作家としての辻井喬は平成6年『虹の岬』で谷崎潤一郎賞、平成16年『父の肖像』で野間文芸賞。平成25年に86歳で他界。西武鉄道グループ元オーナーの堤義明は異母弟。

関頑亭

101歳を生きた国立のレジェンド

人生、飄々と

関頑亭は国立（谷保村）の生き字引と言われ、レジェンドと称された。令和2（2020）年、101歳で他界。その折新聞は「『心』を忘れず、ひょうひょうと」（毎日新聞7月27日）と報じた。国立市の前身である谷保村に生まれ、彫刻家にして画家、そして書に通じる。大正から近年までの一世紀を国立の町で飄々と生きてこられた。実際、喜寿を超えたころに『人生、飄々と。――頑亭が行く』（講談社）という〝名著〟を書いて人々を喜ばせた。本名は保寿（やすじゅ）。人々には「ガンテー先生」として親しまれた。

青年時代から仏教、わけても密教に世界を求め、全国各地を巡る。やがて宝仙寺（東京都中野区）の富田斅純（こうじゅん）老師から密教の教えを受けるようになり、のちに同寺の本尊不動明王の光背などを制作。また弘法大師像を40年かけて完成させる。その圧倒的なひたむきさは、作品とともに人々の心を揺らすというものだ。

ガンテー先生は、山口瞳の旅の友でもある。国立に引っ越してきた山口瞳を案内したのもガンテー先生だ。その風貌がドストエフスキーに似ていることから、山口瞳は「ドスト氏」と名付け、エッセイの中にしばしば登場させている。もっとも本人は、「どうせならダ・ビンチのほうがよかったな」と酔って山口瞳に絡んでいたらしい。そんな仲の山口瞳は、「アトリエのなかで作品を作るんではない」という山本周五郎流の生き方のごとく町に打って出ていくガンテー先生に敬意を表し、次のような言葉を寄せている。

「だから先生の彫刻も絵も生き生きしている。活力に溢れている。これは先生が町の人々から貰ってきたものであるに違いない、と私は推測している」(『人生、飄々と。――頑亭が行く』関頑亭)。

そのガンテー先生の作品を2つ紹介しておこう。まずは国立市の市章。町から市へ移行した昭和42年の作品である。谷保天満宮の梅の五弁の花びらをあしらい、二重の外側は「国」のかまえを表し、内側は「立」と文教の「文」を示し、全体で世界五大州の意味も含めたという。

もう一つはナマズである。とくに国立駅前のセキヤビル一階にある、壁に泳ぐ大きなナマズは愛嬌いっぱいだ。見

国立市市章(関頑亭作)

上げると気持ちが穏やかになる。

アトリエはギャラリー茶房「頑亭文庫」に

この国立の守護神といってよい関頑亭であるが、あるとき、国立の町に一つの警告を発していることは興味深い。地元の歴史・文化誌でのインタビュー記事に載る。

「以前、国立の町には「裏」がないとおっしゃいましたね。

——きれいなだけが自然や文化ではない。土壌には堆肥があって初めて作物ができるのであって、ゴッタ煮のような中から養分が吸えるようでなくては……。今の国立は、何かが生まれる状態の町ではなくなってきている気がするのです。はじめから無駄のない世界は何も生まれない。無用の用と言って、捨てられてゆく世界も大切なんですよね」(『あおぞら』(第7号))。

国立の町には「裏」がないというのだ。ひょっとしたら「文教都市」という「表」舞台だけを標榜しがちな国立の気風に対する警鐘ともいえようか。「耳で観(み)て、目で聴いて、心で描く」を唱えたガンテー先生の作品からは、酒の匂い、土の匂い、そして人間の匂いが伝わってくる。皮相的な世界とは遠い。そういえばかつて国立駅北口に住み、武蔵野の自然を好いた芥川賞作家中上健次。「彼はハイクラスの住宅が並ぶ南口の町には強い違和感を持っていた」と、夫人で推理作家の紀和鏡(きわきょう)は私に語っていた。ひょっとしたらガンテー先生のいう「裏」がないという感触と同じものを、紀州の厳しい環境の中で育った彼は、国立の「すまし」顔に感じ取っていたのかもしれない。

それにしてもガンテー先生にはめげるということがないようだ。「嵐山光三郎さんが、〝頑亭翁は元気な上に「助平」で「筋金入りの不良ジジイ」である〟とどこかに書いていました」とぼやきながら、こうのたまうのだ。

「命を輝かせることは、ひたむきになることです。助平というのも、ぼくの場合、何をやってもひたむきになることにつながっています。そのひたむきさが女性たちとのつき合いにも現れているだけです。ぼくの中で、終わってしまったものはありません。生きているかぎりどこで何をやろうが現役でいようと思っています。家庭はあるし孫もいますが、女友達に会いに行くのにコソコソ隠れてやったりしません。これもニコニコしてやるだけです」(『不良老人のススメ』関頑亭)。

ガンテー先生のアトリエは、令和5年の夏にギャラリー茶房となってオープンされた。名付けて「頑亭文庫」。室内には本人の作品だけでなく、愛用していた彫刻の道具や絵具などが展示される。また書棚には愛読書と親交のあった方々ゆかりの書籍もズラリと並ぶ。山口瞳、山口正介、嵐山光三郎、向田邦子、常盤新平といった知人たちの作品だ。

国立のまちの黄金時代を、あの文化人グループ〝山口組〟の重鎮として築いた芸術家。その足跡が、この「頑亭文庫」には詰まっている。

関頑亭
■せきがんてい
彫刻家。大正8年、北多摩郡谷保村(国立市谷保)に生まれる。その活動は彫刻、絵画、書、建築と多岐にわたる。好きなモチーフのひとつは鯰(ナマズ)。作家の山口瞳ら文化人との交友も深い。令和2年、101歳で他界。私邸は今ギャラリー茶房「頑亭文庫」として、子息の関純、潤子夫妻が運営する。

関敏

石に聴く、石を彫る

国立市内には随所に「ビン先生」こと、「石の彫刻家」関敏の作品が置かれている。まず紹介したいのは、谷保天満宮の階段を降りたところに、デンとして坐す「座牛」（昭和48年作）である。

「菅原道真が亡くなった時、悲しみのあまり動かなくなったというのが牛。谷保天満宮の『座牛』では、つむじを曲げると梃子（てこ）でも動かんという牛の頑固さを表現したんだよ。だからむかし50年前にこの牛を作った時には、谷保村に多くいた農家の牛を何頭も見続けただけでなく、京都の北野天満宮や大宰府の天満宮の石牛も見て回ったものだよ」。

アトリエにうかがっての私の取材に、90歳の「ビン先生」は、ご自分の頑固なこだわりと併せて創作の意図をそう語っていた。

同じく天満宮には「山口瞳文学碑」（平成8年作）もある。この直木賞作家の碑についてはこう語る。

「自分はこの碑を作るにあたって、ちょっと工夫をしたんだ。ほら、分かるかな。山口の「山」（台座）と「口」（碑の左）を形にして入れ込んだんだよ」。

インタビューでそう笑う表情は、いたずらを喜ぶ少年の顔である。昭和34（1959）年には、兄の関頑亭らとともに大学通りに彫刻街路灯を24本も設置している。並木の道をより芸術的なもので飾ろうと、地元商店会と協力して進めたものだ。フクロウや馬の彫刻などが駅前から一橋大学までの両側に置かれ、大学通りの名物ともなった。国立駅前ロータリーの、円形公園の中に立つ時計塔も「ビン先生」の手による。かつて国立に居を構えていた陸軍大将宇垣一成が揮毫した、国旗掲揚台に隣接する。

「いやあ、塔の一番上の花は丸く作るはずだったたんだ。しかし役所がカネを削ったんでね、丸が四角になっちゃったんだよ」。

そう大きく笑いながら、大いに口惜しがる。

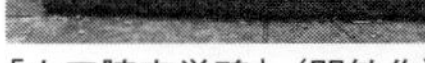

「山口瞳文学碑」（関敏作）

「座牛」（関敏作）

兄が碑文を、弟が石台を

関敏はガンテー先生こと関頑亭の弟である。兄とは11歳違い。昭和5年の国立は谷保村の生まれ。立川高校を卒業後、東京藝術大学彫刻科に入学して、平櫛田中、菊池一雄の教室で学ぶ。「石の彫刻家」として名高い。巨大な石塊と何か月も、時には数年も向き合って彫る。著書に『石に聴く、石を彫る』がある。

それにしてもビン先生は実にかくしゃくとしておられた。国立市東の自宅へは、飛び込みのインタビューであったにもかかわらず、半日も付き合っていただいた。しかも帰り際にこう宣(のたも)うたのだ。

「きみぃ、今度来るときは酒を持ってきたまえ。飲み明かそう。朝まで話そうではないか」。

しかしそのビン先生は令和5（2023）年、逝かれてしまった。93歳。兄のガンテー先生も令和2年に101歳で逝かれた。相次いで国立の守護神のような芸術家兄弟を失っただけに、地元の失望感は大きい。

関敏の作品は立川市にもいくつか立つ。その一つが「日野の渡し碑」だ。昭和61年の作で「川の対岸を、そして過去と現在をつなぐ〝舟〟に〝月〟をアレンジしたフォルム」（くにたち郷土文化パンフレット）とされる。その碑文を書いたのは兄の関頑亭である。国立の守護神兄弟の、貴重な共同作品と言ってもよいだろう。碑文と共に紹介しておく。

日野の渡し碑　　　立川観光協会撰　関頑亭書

日野の渡しの出来たのは　いつの頃だか誰も知らない
江戸時代中期貞享年間　この地に渡しが移されたことは確かであろう
かつて信濃甲斐相模への人々は　この渡しを過ぎると遠く異境に来たと思い
江戸に向かう人々は江戸に着いたと思ったという

※「座牛」および「山口瞳記念碑」は南武線谷保駅から徒歩5分の谷保天満宮に置かれる。「日野の渡し碑」は立川市錦町の下水処理場わきに立つ。

「日野の渡し碑」（書・関頑亭、彫刻・関敏）

■せきびん
彫刻家。昭和5年の国立、旧谷保村の生まれ。立川高校を卒業後、東京藝術大学彫刻科に入学。「石の彫刻家」として名高く、国立、立川には多くの作品が置かれる。著書に『石に聴く、石を彫る』がある。ガンテー先生こと関頑亭の実弟。令和5年93歳で他界した。

関敏

三浦小平二

青磁を究めた「人間国宝」

作品は幼稚園3階から生み出された

国立市東のママの森幼稚園に隣接する自宅の応接間。何年か前にお邪魔すると、作品の絵皿が所狭しと並ぶ傍らで、等身大の写真で迎えてくれるのが人間国宝三浦小平二である。腕には愛犬を抱く。名前は「青磁」。家族から「セイちゃん」と呼ばれていた。小平二が生涯、ひたすら追い求めた青磁の世界への思いが伝わってくる。

青磁で初めて人間国宝に認定された三浦小平二。その世界は優しさに満ちる。青磁とは、紀元前中国を発祥の地とする上品な乳青色が特徴の陶磁器だ。焼き物の王様とも言われる。青磁に小平二は愛らしい色絵や造形を施し、国際的な評価を得た。その数々の作品はママの森幼稚園3階から生み出されていたのである。

小平二は昭和8（1933）年、新潟県佐渡の無名異（むみょうい）焼窯元の長男として生まれた。

父の三浦小平も東京の美術大学を出た芸術家の家系だ。実家は佐渡奉行所が置かれた相川町で、今は「三浦小平二―小さな美術館」ともなっている。その北村惇夫館長に尋ねると、ふるさとと佐渡での小平二をこう評している。

「地元では父親の小平の方が長男の小平二よりずっと名が知られています。小平二は島を捨てたからです。寡黙でスローな人でしたし。しかし彼は世界を取材して回るなどとても多忙でした。帰れなかったんです。その点は小平二も島も可愛そうだったと言えます。小平二は過去にとらわれず、常に先を見据えている人です。そんじょそこらの人間国宝と違い、本物の人間国宝でしたね」。

小平二は、東京藝術大学に進学。卒業後は各地でやきもの修業を積み、昭和35年頃、同大学の陶芸科副手となった。そのかたわら、ママの森幼稚園の絵画教室でも教え始めたのが、国立の町。そして当時の幼稚園長の娘で妻となった竹子夫人との出会いがあった。

当時の小平二は日本伝統工芸展に応募しても落選続きだった。が、あるとき作った小鉢が優れた青磁だと評される。そして竹子夫人からの勧めもあり青磁に取り組み始める。とはいえ簡単に美しい青磁が作り出せるものではない。土、窯の温度、釉薬(ゆうやく)の調合など苦労を重ねるなか、台湾の故宮博物館において青磁で名高い中国、官窯の土と、佐渡無名異焼の土が同質であることを発見。ふるさとの土を使って微妙な色合いを生み出すことができるようになり、青磁作家として道を究めていったのだ。

幼稚園3階にあった窯のための薪割り、窯からの作品の出し入れなどは竹子夫人が担ったとのこと。小平二の旺盛な作陶は夫人との二人三脚だったといえよう。その後、夫妻はシルクロード、アフリカ、ヨーロッパなど世界各地を旅行し、小平二は民族衣装の人々や鳥、動物をスケッチしては絵付けに取り入れるようになった。

昭和60年、小平二の青磁花瓶は当時の浩宮殿下（今上天皇）の留学記念としてエリザベス女王へ贈られる。また平成２（１９９０）年にはパリとニューヨークで個展を開催。同年東京藝術大学教授に就任し、次世代の指導にもあたった。忙しく世界を回るなか、平成８年、紫綬褒章を受章し、翌年、重要無形文化財保持者（人間国宝）に認定されるのだ。

真正の「鉄ちゃん」の小平二

しかしその人間国宝には何ともほほえましい趣味がある。真正の鉄道ファン「鉄ちゃん」なのである。竹子夫人がこう語ってくれる。

「小平二は佐渡で育ったでしょう。佐渡には鉄道なんかないんです。ですから汽車や線路がとっても楽しかったようです。青梅線や五日市線にもよく乗りにいきました。電車だとまわりの景色やものをゆっくり眺められるから、車より好きでした。上野の藝大から帰ってくるときは、東京駅へ回って始発から中央線に乗っていました。ついには皿絵にも汽車を描くようになるんですね。陶芸は花鳥風月を描くのが常識の世界ですから、なんだ、こんなポンチ画を描いて！　と非難されたこともありました（笑）。でもその鉄道の皿をほめてくれたのがフランスの人たちだったんですよ」。

蒸気機関車に乗るため金沢まで旅行したほどの「鉄ちゃん」小平二である。

「幼稚園を立て直したときにはレールの模型も置きたいと言い張っていました。それで、国鉄が払い下げたＤ51のプレートを買って、すべり台にはめこんだのです。そういえば国立の駅舎はおしゃれで大好きでしたね。昔は三角屋根の軒下にはツバメが巣を作って、それがまたとても風情がありました。駅舎にはコウモリも飛んでいたんですよ」。

平成18年に73歳で逝去。その後竹子夫人は作品30点を国立市に寄贈する一方、一般財団法人Musée Miuraを設立し、ママの森幼稚園隣に記念館開設を準備中である。

「午前11時ごろの太陽光線の時が、青磁の色は最も美しく見える」

そう語る小平二は、温かく澄んだまなざしで世界を慈しんだ芸術家であった。

※ママの森幼稚園は、国立駅南口から徒歩20分。大学通りを南に歩き、桐朋通りを左折する。記念館は隣接して開設される。

三浦小平二

■みうらこへいじ
陶芸家。昭和8年、佐渡の窯元で生まれた。東京藝術大学に進学。生涯、青磁の創作に励む。東京藝術大学工芸科助教授を経て平成2年に同大学教授に。平成8年、紫綬褒章、翌年重要無形文化財保持者（人間国宝）に認定される。平成18年、73歳で他界。

太田洋愛

桜を描き続けた花の肖像画家

太田洋愛。わが国の植物画（ボタニカルアート）の第一人者である。桜を求めて全国をスケッチして巡った。著作に『日本桜集』（平凡社）、『画文集・花の肖像』（講談社）、『さくら』（日本書籍）などがある。戦後の小中学校の理科教科書の植物画は、大半を太田が描いたと言われる。

大賀一郎、牧野富太郎、森繁久彌

明治43（1910）年の愛知県田原市の生まれである。昭和4（1929）年、19歳で渡満し満洲教育専門学校を受験。失敗するも同校教授であった大賀一郎にその才を認められ、奉天の自宅に住み込むことになる。大賀は後に、縄文時代に咲いていた日本最古のハスを開花させ、「ハス博士」と称された学者だ。

ある時太田は、大賀から研究室でこう話しかけられたと自伝『さくら』に記す。「僕の知人で実に見事な植物画を描く人がいる。その人に絵の描き方を聞いてみてあげる」と。そこで紹介されたのが東京大学の牧野富太郎である。言うまでもない、令和5（2023）年に人気となったNHK朝ドラ『らんまん』の主人公だ。やがてケント紙と丸ペン、筆、墨が届けられ、以後牧野との交流が始まる。「才が才を呼ぶ」というのはこういうことだろう。洋愛はこの牧野からの贈り物と手紙を生涯の宝にした。

その後、転居した満洲の新京（長春）で太田は、油絵画家として展覧会の出品を重ね、安井曾太郎からも高い評価を得る。また森繁久彌との出会いもある。森繁が新京放送局のアナウンサーであった時代に、関東軍放送班としてペアを組んで一緒に大陸各地を回っているのだ。生死を共にしたからだろう、昭和63年の洋愛の葬儀の際には、森繁から供花と弔電が国立の自宅に送られている。

かように新京は洋愛にとっては新鋭の画家として躍動しえた地であった。しかし終戦、ソ連によって遠く中央アジアのアングレン収容所に送られ、3年間辛酸をなめる。鉄道作業であばら骨が全部外から見えるまでにやせた。もっともそれ以上に太田を含め抑留者を苦しめたのは、ソ連当局が仕向けた民主化運動だ。日本人同士がソ連追随派と反発派に分断され、絶望的に反目しあうことになったのだから。

「花の肖像画家」としてボタニカルアート第一人者へ

太田の帰国は3年の抑留の後の昭和23年。ナホトカから舞鶴に着く。東京に出た太田は教科書の挿絵や図譜の仕事を手にする。そしてその才能は開花し、やがて芸術としてのボタニカルアートの世界を構築していくのである。

昭和31年、太田一家は板橋区常盤台から国立に引っ越す。そのきっかけを子息の太田修平に尋ねてみる。

「父は国立駅に立った時、こう言ったようです。『ここは新京だ！ よし、この国立に引っ越すぞ！』と。街の風景が満洲の新京と酷似していたんですね。しかも大学通りは大好きな桜の名所でした」。

戦前、満洲の新京では先進的な都市計画が実施されていた。駅からの放射状の骨格、まっすぐに延びる大通りなど美観とゆとりが重視された。その骨格がそのまま国立にも広がっていたのである（次頁写真）。こうして移り住んだ国立の町である。ここで洋愛は多くの人との出会いを持つ。国立にはさまざまな文化人が集まっていた。折しも昭和45年のこと、桜を描く旅に出ていた洋愛は岐阜の白川郷の本覚寺で新種の桜を発見する。後日「オオタザクラ」と命名される桜だ。

「その頃、サントリーの宣伝の仕事をしておられた国立に住むサン・アドの矢口純さ

太田洋愛

■おおたようあい
植物画家。明治43年の愛知県田原市生まれ。昭和4年、19歳で満洲へ渡る。ハス博士の大賀一郎の薫陶を受ける。シベリア抑留後に帰国、戦後わが国の植物画（ボタニカルアート）の第一人者となり、日本各地の桜を描き続ける。昭和31年から国立市中に暮らす。昭和63年に逝去、令和5年、国立科学博物館で〈太田洋愛企画展「日本の桜」〉が開催される。

ん（エッセイスト）が、仕事のことで私のアトリエを訪ねて下さった。この新しい発見の桜の話をしたら、さっそく華道家の安達瞳子さんとの対談で、サントリーの広告に使ってみようということになり、（中略）新聞のほとんど一頁大の広告となって全国の新聞に発表された」（『さくら』）。

サントリーに関係の深い山口瞳との交流も始まり、その著書『木槿（むくげ）の花』や『梔子（くちなし）の花』のなかで、ロージナ茶房に入り浸る油絵画家として、太田は登場する。

晩年は植物画家としての経歴を生かし、「大学通りの桜、花々にはそれぞれの名前がある」と国立市に提案。現在の命名柵の設置を実現させる。あるいは植物画愛好者たちと大学通りの草花を探索する場を持った。

令和5年の桜の季節に、上野の国立科学博物館では〈太田洋愛企画展「日本の桜」〉が開催された。そもそもは東京五輪にあわせ日本の美を発信する「日本博2020」の一環であったが、コロナ禍で延期されていたものだ。この企画展は太田の桜の肖像画が、日本だけでなく世界の美になることを明かすメッセージと言ってよいだろう。

太田が過ごした新京（長春）駅前の航空写真

三角駅舎広間パネル

三浦祐太朗

国立のほのぼの観光大使

盛り上がった観光大使三浦祐太朗

国立市が三浦祐太朗を観光大使にお願いしたのは、3年前の令和2年の秋である。その時の市長との対談で以下のようなやりとりをして、一気に地元の人たちの気持ちをほのぼのとさせた。少し長いがその掲載された「市報くにたち」の一部を紹介しよう。

市長　「先日、三浦さんのCDを聴いて、本当にきれいな声をしているなと思いました。『横須賀ストーリー』を聞いているとき、私の妻に『それ誰が歌っているの?』と問われて、『三浦さんだよ』と答えたら、『山口百恵さんの声とそっくりだね』と驚いていました」

三浦　「うれしいですね。確かに母と声が似ていると言っていただくことはありますね」

市長　「お父様似よりお母様似ですか?」

三浦　「30歳を超えてから母に似ていると言われることが圧倒的に多くなりました。小さい頃は結構父に似ているといわれることが多かったです」（令和2年11月20日号）。

三浦祐太朗は昭和59（1984）年に生まれた。両親は言うまでもなく、三浦友和、山口百恵のお二人である。国立学園小学校、成城学園高校、成城大学法学部を卒業。平成20年にバンド「Peaky SALT」のボーカルとしてメジャーデビュー、平成24（2012）年に1stシングル「旅立ち」でソロデビューする。

三浦友和は昭和27年に生まれ、中学の頃立川で育つ。俳優として活躍し、『伊豆の踊り子』などで「百恵友和ゴールデンコンビ」と呼ばれた。山口百恵は昭和34年生まれ。14歳で映画『としごろ』に出演し歌手としてもデビューし大きな人気を博した。3つ違いの次男の三浦貴大も兄と共に国立学園小学校に通った。現在俳優として活躍している。

三浦祐太朗ツイートの3つの推し

そもそも国立市で、観光大使を任命しようではないかと話題になったのは、旧三角駅舎の復元が翌春に予定されていた令和元年の夏の頃だ。ともすれば観光資源が少ないと言われるこのまちで、三角駅舎は全国発信できる貴重な建物である。商店街ではこんな議論があったという。

「旧駅舎の復元オープンを機に大勢の人を呼ぶようにしよう。それには発信力のある人を観光大使になってもらうというのはどうだろう」

「大賛成。もちろん国立の町で生まれ育つか、深くなじみのある人がいいよね。とくに国立は昔からの音楽の町。ミュージシャンで、とくに若い人に広く受け入れられる人がいいね」

そんなこんな口角泡を飛ばしつつ役所からお願いし、引き受けてもらったのが長男の三浦祐太朗だ。国立市観光大使の第1号となった。今、等身大の大きなパネルが、復元された三角駅舎の広間の中に立つ。一緒に写真を撮ろうという人たちは多い。若い人だけではない、中央線に乗って訪れる年配の女性層もけっこう多いとのこと。

観光大使としての三浦祐太朗の活躍は実に積極的である。例えば国立市観光まちづくり協会のHP「くにたちNAVI」で流されている国立の町の紹介ビデオ（2022年3月7日）。「ええ、このビデオは自宅の自分の部屋で作ったんですよ」と気さくに手渡されたものだという。

「国立の町での推しのポイントはいっぱいあります。個人的な推しとしては3つあります。1つはブランコ通り。国立駅南口の商店街。時計台と白いアーチがあり、とても昔からあるレトロな感じ。2つ目は大学通り。とくに冬の季節のイルミネーションはいい。大きな銀杏にライトアップされて、めちゃめちゃきれい。カップルで歩いたら最高です。3つ目は谷保天満宮。境内の中に鶏が放し飼いになっているのがすごい。それも1羽や2羽でなく、とてもたくさんいる。ビックリする人もいるかもしれないけど、私は癒やされます。初詣に訪れてこの鶏を見ると、一年がんばろうという気になりますね」（「くにたちNAVI」）。

地元が舞台のほのぼのコラム。最後にもう一つ、「市報くにたち」の国立観光大使コラムから取り上げよう。

「豆まきの『まき手』として、父である三浦友和が参加させて頂いた年があった。豆まきの舞台である神楽殿の前には多くの人が集まり、父の投げる豆をキャッチしようと必死になっている。小さかった私はなんとか父に気づいてもらおうと、満員電車のような人混みをかき分けなんとか前方にたどり着いた。『父さん』と叫ぶのは幼心になんか違うと思ったので、全力を振り絞り『おーい!!』と叫んだ。すると奇跡的に父が私に気づいてくれて、絶妙にこちらを見ないふりをしながらそっと豆を渡してくれたのだ。なにかとてつもないお宝を手に入れたような感覚になり、非常に嬉しかった」（令和2年10月20日号）

連載のコラム欄はいささか小さいが、国立の人には常に大きな楽しみである。

谷保天満宮（今、鶏は里親に出され、姿はない）

三浦祐太朗

■みうらゆうたろう　昭和59年、俳優三浦友和・歌手山口百恵の長男として誕生。シンガーソングライターである。国立学園小学校、成城学園高校、成城学園大学法学部卒。令和2年に国立市より観光大使を委嘱される。

高橋惠子

赤い屋根の駅舎が私は大好き

映画ファンにとってはたまらない街

国立は映画ファンにとってはたまらなく魅力ある街だ。いやそれ以上に映画を作りたいと思う人たちにとって頗る魅力ある舞台と言えよう。国立駅の三角駅舎を起点に南にまっすぐ延びる大学通り。両側を春には満開の桜が、秋には黄金の銀杏が光る。そこを老若男女が往来する。

この風景を取りこんで、すでにいくつもの映画が作られている。『四月物語』（平成10年）で岩井俊二監督は、松たか子が大学通りを自転車で走るシーンで上京した新入生の息吹を表現した。川上弘美作『センセイの鞄』（平成15年）では、小泉今日子が年配の先生（柄本明）を慕う一途さを、駅前の夜桜の下を足早に居酒屋に向かう姿で演じた。変わったところではアニメ映画『おおかみ子どもの雨と雪』（平成24年）だろう。雨と雪の母となる19歳の「花」が通うのは一橋大学キャンパスである。最近では『四月の永い夢』（平成30年）が国立の町々を随所に登場させる。国立ファンという中川龍太郎監督は、主演の朝倉あきの恋人役に三浦貴大、元カレの母役に高橋惠子を配するという、まさに国立人映画である。

ここでは、この女優高橋惠子を国立の街と国立駅を愛した映画人として紹介しよう。高橋（関根）惠子は昭和30（1955）年北海道生まれで、府中で育つ。『おさな妻』でゴールデンアロー・新人賞。『朝やけの詩』（熊井啓監督）や『ラブレター』（東陽一監督）、TVでは『太陽にほえろ！』のシンコ役で話題に。夫で映画監督の高橋伴明は昭和24年の奈良県生まれ。早稲田大学文学部に入学。『TATTOO〈刺青〉あり』を監督。同作ヒロインであった関根惠子と結婚。立松和平『光の雨』の映画化で連合赤軍事件を描くなど、社会派としての評価も高い。令和4（2022）年には『夜明けまでバス停で』でキネマ旬報ベストテン日本映画監督賞を受賞した。

三角駅舎解体と保存運動

国立駅三角駅舎は国立のシンボルである。しかし平成15（2003）年、JR東日本から中央線の連続立体交差工事のため駅舎撤去を申し渡される。町は色めき立ち保存運動が盛り上がった。商工会や住民らによって「駅舎保存の会」が結成される。そこには国立ゆかりの著名人も参加し、募金も署名も多く集まった。「駅舎を残そう」と声を上げたその一人として高橋恵子は「国立駅舎保存の会」パンフレットでこう訴えた。

「国立に住むようになって13年。大学通りから見る赤い屋根の駅舎が私は大好きです。子供を駅まで送った春の朝、人と待ち合わせして駅前のベンチから三角屋根をのんびり見上げたときのこと、都心から仕事を終えてかえってきたときのホッとしたあたたかさ……たくさんの思い出がこの駅舎にはあります」。

こうした声を受け、国立市は駅舎を一旦解体し、のちに建て直すという方針を出す。それから10年後の令和2年、三角駅舎は復元される。

国立駅旧三角駅舎（平成11年）

例えばこんな出会いもある

余談を一つ。まだ中央線がオレンジ色の車体であった頃のこと。深夜の四谷駅で飛び乗った私は、車内の凍った空気に気づく。見渡すと端っこに高橋恵子が座っていた。彼女が国立住まいであることは知っていた。こんな機会はない。新宿を過ぎる頃、勇気を出し彼女に近づき、こう話しかけた。「高橋さんですよね」。「えっ、そうですが」。突然ですがと自分の名前を言って、「実は私、連れ合いの伴明さんが入っていた早大の映画研究会にいたんです」。「はあ」。

それから何ともぎこちないやりとりが続く。やがて『朝やけの詩』や『神田川』などの作品へ話が及び、共通の友人の名も登場し、次第に盛り上がってくる。すると思わず私はこう口走ってしまったのだ。「当時の映研はセクト色が強く早々と退会しました。その後に高橋伴明が入って来るんです。もしあのまま自分が映研に残っていれば、ひょっとして貴女と巡り合っていたかも知れませんね」。一瞬、間をおいて「ほっほっほ」と笑い飛ばされて、ハイおしまい。

もっともこれには後日談がある。作家立松和平の10周年の「遠雷忌」があった2年前の冬のことだ。菩提寺の下谷の法昌寺で、ばったり高橋惠子夫妻と隣り合わせた。中央線の思い出を語る私に、しかし返された彼女の言葉は残酷だ。

「あら、そんなこと、ありましたっけ」。

それにしてもこの法事の帰路、中央線に揺られながら車窓の月を見上げ、そして呟いたものである。

「いろいろな出会いがある。うん、中央線はいい線だ！」。

高橋惠子

■たかはしけいこ
女優。昭和30年北海道生まれ。『朝やけの詩』(熊井啓監督)や『ラブレター』(東陽一監督)で話題に。ドラマ『太陽にほえろ!』『傷だらけの天使』『金曜日の妻たちへ』など活躍は広い。夫で映画監督の高橋伴明は昭和24年奈良県生まれ。『TATTOO〈刺青〉あり』や連合赤軍事件『光の雨』を監督。30年余を国立市西に住む。

余話❷　大学通りに飛行機は降りたか？

国立駅から南に真っ直ぐ延びる大学通り。「戦前、滑走路として使われたかも」という逸話をご存じだろうか。飛行機は降りたのか降りなかったのか。

本欄では「飛行機は降りた」というスタンスを取りたいと思う。その所以は、国立の町開闢（かいびゃく）以来、駅前に店を構える老舗「志田そば」の志田次子の著書『くにたちに時は流れて』（朝日新聞名古屋本社　昭和63年）の記述である。

「国立の面々は大学通り商大付近に集まって、今か今かと待つうちに、国立駅裏手から爆音と共に複葉機が現れ、滑走して静止しました。飛行機は木の骨組みに、オレンジ色の塗料を滲み込ませた丈夫な布を張った二人乗りでした。機は間もなく舞い上がり、商大上空から立川飛行場へ帰って行きました。サルムソン機というのだそうです。秋空高く日本晴れ。（略）昭和四年のことです」。

この記述の一方で、飛行機の離発着はないとの「否定」意見が地元にはある。その主な根拠は次のようなものである。

「大学通りの距離は滑走には短く幅も狭い。多摩川からの横風も危険だ」、「大学通りは草地でも舗装されてもおらず砂利道で凸凹」、「三角駅舎や送電線が通るなど進入角がとれない」という元海軍艦爆操縦士の証言などを引用した意見（『みにこみ国分寺』（２０１９年No49）より要約）。また「一度も（中略）滑走路に使われた事は無い」と断言する谷保村出身の関頑亭翁（56頁）の見聞（『平兵衛新田　むかし・現在〝別巻〟』平成23年）。そして「離発着を示す証拠写真がない」との地域史研究者の指摘である。

しかし大学通りは約１５００ｍ。三角駅舎（高さ12ｍあまり）から送電線まで約１２００ｍ。滑走には不足なのか。

こうした折、武蔵村山にあった東航（東京陸軍少年飛行兵学校）の伝承活動に取り組む「少飛の会」（陸軍少年飛行兵平和祈念の会／立川）の紹介で、上野辰熊元陸軍操縦士（昭和３年生まれ）にヒアリングする機会が得られた（令和

6年4月25日)。上野元操縦士はこう証言する。
「大学通りは飛行機の着陸に問題はないです。三角駅舎があっても着地まで100m、停止まで350〜400mあれば十分。幅も44mあればよく離陸にも300mあれば足ります。横風も14〜15mなら操縦で修正できます」。

ちなみに昭和6年開港の東京飛行場(羽田飛行場)も滑走路は全長300m、幅15mである。

他方で国立から軽井沢への飛行を紹介する当時の新聞記事も残される。

「東京輕井澤間の定期航空
東京から輕井澤へたつた五十分
乗客は一名十圓で運ぶ　箱根土地会社の航空部では来る十六日を皮切りに、毎夏国立(東京府下)南軽井澤間の定期連絡飛行を実施することになつて、今度逓信省の認可を受けた。飛行機は十年式偵察機を使用し、隔日に東京南軽井澤間を往復する予定だが、当分は

複葉のサルムソン機(箱根土地使用「国立に誕生した大学町」)

午前九時に国立飛行場を出発し、同五十分に南軽井澤馬越飛行場に着陸、午後四時に帰航する筈である。」(「信濃毎日新聞」昭和2年8月13日)。

もっとも逓信省の認可を受けたというものの、大学通りが定期便として使用されたかといえば考えにくい。昭和の経済不況で不動産業界も冷えたこともあり、飛行機往来は一時的であったと考えるのが妥当だろう。

それにしても飛行機というのは人々に夢を与える。「国立滑走路」説は、百歩譲って確証が薄いとしても、観光資源の「都市伝説」として大切にすべきというのが私たちの思いである。大空を飛ぶ機影だけでなく、飛行機が培った技術の歴史、それらが支えた中央線沿線の発展。「国立滑走路」説は、国立、立川のみならず、多摩が誇る近代日本の歴史遺産の表象と言えるからである。

この「大学通り滑走路」論争を体験するため、読者には次頁の文化人散策マップ(図2)と併せ、ぜひ大学通りを散策してほしい。

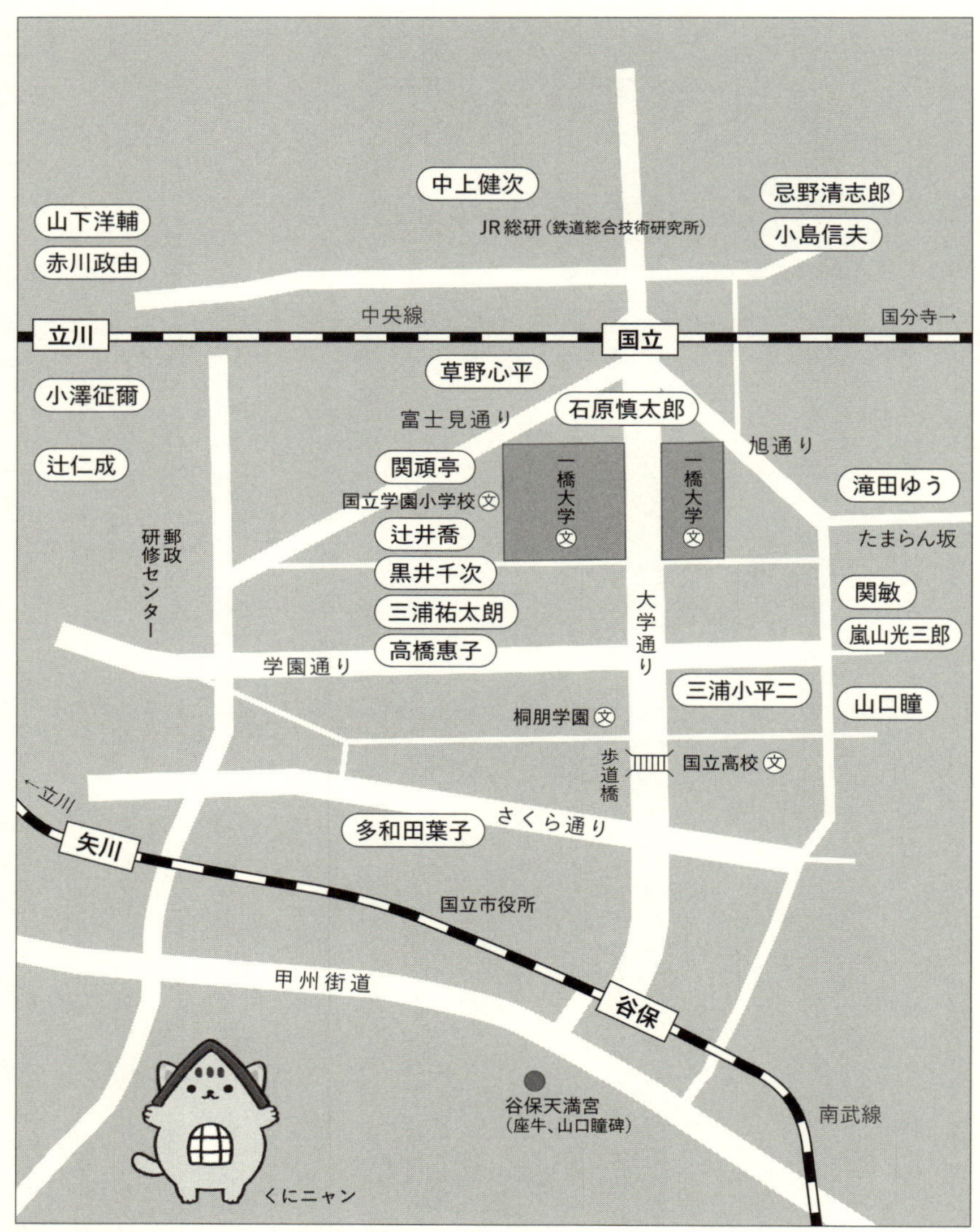

図2　立川・国立の文化人散歩マップ

3章

国分寺編

村上春樹

国分寺はハルキストの「聖地」である

ハルキストならずとも、村上春樹と中央線の関係はと問えば、多くの人は国分寺と答えるに違いない。

昭和49（1974）年の春、村上は早稲田大学文学部在学中に国分寺駅近くにジャズ喫茶〈ピーター・キャット〉を開く。その後の昭和54年に『風の歌を聴け』で作家デビューする。翌年には『1973年のピンボール』を発表。両作品とも芥川賞候補となり、国分寺は村上春樹の作家としての原点となる。

その後、次々と話題作を世に出し村上は世界的に注目を浴びる。『ノルウェイの森』『海辺のカフカ』『1Q84』など。『ノルウェイの森』は上下で1000万部売れたとされ、出版界の伝説を作っている。『ねじまき鳥クロニクル』で読売文学賞。そして毎年、ノーベル賞の季節になると文学賞受賞の期待が取りざたされる。

ジャズ喫茶〈ピーター・キャット〉

国分寺の町の歴史は古い。8世紀に聖武天皇が建てた国分僧寺、国分尼寺の遺構が残る。しかし今、駅周辺は開発も進み、周りには東京学芸大学や東京経済大学、津田塾大学が控え、若者に人気の街となった。村上春樹はこの街で店を開いた理由をこう語る。

「いつまでも居候をしているわけにもいかないので、女房の実家を出て、国分寺に引越した。どうして国分寺かというと、そこでジャズ喫茶を開こうと決心したからである。はじめは就職してもいいいな、という感じでコネのあるテレビ局なんかを幾つかまわったのだけど、仕事の内容があまりに馬鹿馬鹿しいのでやめた」(『村上朝日堂』)。

〈ピーター・キャット〉は国分寺駅の南口を降り、殿ヶ谷戸庭園を左に下った赤いビルの地下1階だ。もちろん喫茶は今はない。村上はその店の様子を20年後の平成7(1995)年に、「ずっと昔に国分寺にあったジャズ喫茶のための広告」というエッセイでさらりと書く。

「週に一度ライブがあります。若いミュージシャンたちが、少ないお金のために一生懸命演奏します。ピアノは安物のアップライトだし、調律もいささか狂っています。演奏の質はまちまちですが、一貫して元気がよく、音だけはいつも大きいので、恋人との語らいのための背景音楽としては不適当でしょう。店主は無口というほどでもありませんが、あまり多くをしゃべりません。あるいはただうまくしゃべれないだけかもしれません。暇なときにはカウンターに座って本を読んでいます」(『夜のくもざる』)。

国分寺はハルキストの「聖地」

村上春樹が国分寺に住んでいたのは、このジャズ喫茶を出した時から千駄ヶ谷に引っ越すまでの2年間、年齢で言えば26歳から28歳のことだ。しかしこの間に村上は、駅前で店のマッチを配り、あるいは中央線と西武線に挟まれた「チーズ・ケーキのような形をした」三角地帯の家に住み、そして電車の騒音にいたたまれず引っ越した南口の多喜窪通りの「メゾンけやき」という建物で暮らす。古色めいて言えば、村上にとって国分寺は雌伏の時代なのだ。国分寺駅界隈がハルキストにとっては、文字通り「聖地」となっている所以である。

殿ヶ谷戸庭園沿いのかたわらにツタの葉に覆われ70年代の気配を漂わせる一軒の喫茶店がある。漫画家つげ義春に因んだといわれる「ほんやら洞」だ。オーナーは往時に「女ボブディラン」と称された中山ラビ。令和3(2021)年に亡くなるまで、ライブ活動の一方でこの店を経営し、ロックファンには伝説的な場所となった。しかもそこは村上春樹の店〈ピーター・キャット〉のあった赤いビルのはす向かいになる。

若い女性店員に、名物のスパイシーカレーを食べながら村上春樹のことを尋ねてみる。

すると、そっと教えてくれた。

「村上春樹のファンの方は今もこの国分寺によく訪れています。このお店に立ち寄る人もいます。窓越しにあの赤いビルを見つめて過ごしていくんです。でも多くの方は年配者で、若い人はほとんどいませんね（笑）」。

国分寺では、毎年5月に市内各所で音楽フェスが開催される。国分寺フェスティバル（こくフェス）と称するこのイベントは、その趣旨をパンフでこう呼びかけている。

「忌野清志郎が育ち、村上春樹がかつてJAZZBARを開き、70年代から続くロック喫茶『ほんやら洞』がある国分寺は音楽の街。そんな国分寺の様々な場所から音楽が聴こえて来る2日間」。

ジャズ好きの作家が過ごした国分寺には、その聖地にふさわしく音楽の世界も広がっている。

※中央線と西武線に挟まれた「チーズ・ケーキのような形をした」三角地帯は国分寺駅からすぐである。ジャズ喫茶「ほんやら洞」は国分寺駅南口を出て左折し3分であるが、〈ピーター・キャット〉はすでにない。

村上春樹

■**むらかみはるき** 作家。昭和24年生まれ。芦屋に育ち、26歳の早稲田大学在学中に国分寺市にジャズ喫茶〈ピーター・キャット〉を開く。昭和54年、『風の歌を聴け』で群像新人文学賞。昭和62年の『ノルウェイの森』で村上春樹ブームが起きる。代表作に『ねじまき鳥クロニクル』『海辺のカフカ』『1Q84』など。大のヤクルトファンとして知られる。

国分寺駅南口にあるほんやら洞

辻邦生

「遥かなる国、遠き昔」は国分寺町

作家辻邦生と辻佐保子。国分寺の地にこれほど愛着を持ち続けた夫妻は少ないだろう。昭和28（1953）年から20年近く、国分寺市東元町（ひがしもとまち）に住む。結婚して初めて過ごした場所であり、武蔵野の風景を満喫できた地であり、白鳳の歴史を今に感じる舞台であった。佐保子は邦生の死後3年後の平成14（2002）年にこう書いている。

「中央線国分寺駅の南口を出て、右手の方にしばらくゆくと、両側を石垣に囲まれた切り通しの坂道に出る。今ではすっかり昔の面影は失われ、坂を横切って低地を流れるレンゲの咲く野原に囲まれていた野川は、無愛想なコンクリート製の排水路に変ってしまった。ここから小金井の貫井あたりまでは、大岡昇平の『武蔵野夫人』に登場する土地であり、坂を上って少し先を左手に下ると、国分寺の遺跡に出る。私たちが国分寺町二四八五番地（後に東元町となる）に住み始めた昭和二十八年ころには、近くの農家の周りにキラキラ光る湧き水が流れていた。遺跡が近いことや、小金井、貫井といった地名から想像するだけでも、この辺りが天然の水に恵まれた土地であったことが分る。『のちの思いに』のなかに主人が書き残してくれたこの土地の清らかな雰囲気や、結婚して間もないころののどかな暮らしは、今ではもう半ば神話のような『遥かなる国、遠き昔』となってしまった」（『辻邦生のために』辻佐保子）。

20年間を東元町に暮らす

辻邦生は大正14（1925）年、東京市本郷区で生まれた。旧制松本高校に入学、昭和24年に卒業し東京大学仏文科に入る。渡辺一夫に師事。後輩の佐保子と結婚。のちに学習院大学仏文学科教授を勤めた。パリ留学後の昭和38年に『廻廊にて』、47年に大作『背教者ユリアヌス』を発表。平成7年には『西行花伝』で谷崎潤一郎賞を受賞する。平成11年、滞在先の軽井沢で逝去。ちなみに軽井沢の辻邦生山荘は建築家磯崎新の設計である。

妻の辻佐保子は昭和5年の愛知県生まれ。東京大学で美術を専攻し、お茶の水女子大学教授に。昭和57年に『古典世界からキリスト教世界へ』でサントリー学芸賞。『辻邦生のために』『「たえず書く人」辻邦生と暮らして』を出し

国分寺の自宅での辻夫妻（学習院大学史料館提供）

ている。平成23年に逝去。

新婚時代から暮らした国分寺。「その国分寺の家は、建築を専攻した辻邦生の弟辻愛也氏が設計したもので、玄関がなく窓から出入りしたといわれています」（学習院大学史料館パンフレット）。

しかし住まいは二人にとって幸福に満たされたものであったようだ。佐保子はこう記す。「近代文学賞の賞金で求めたステレオを置き、広い出窓には冬のあいだ桜草の鉢を並べたりして、私たちはこの細長くて緊密な、まるで列車の中のような空間を愛していた。春になると、電蓄のピックアップなどで有名だった小林理研の満開の桜並木が大きな窓からよく見えた」（同著）。

20年近くをこの東元町に住み、やがて二人は港区に転居する。

幻となった「辻邦生記念公園」

「一九七四年に国分寺から高輪に越して十年ほど後に義父が亡くなり、母も近くの国立に住む義妹のところで暮らすようになった。しだいに廃屋になってゆくこの家を、早く何とか整理しなくてはと思いながら、いつしか時がたってしまった。一度は、無限に増える書物の置き場所に困って、ここに三階建ての書庫を建てようとしたことがある。ところが、設計を頼んだ義弟と一緒に国分寺にでかけた主人は、隣には高いマンションが建ち、あまりにも無残に変り果てた古巣をみて、すっかり絶望してしまった。その後は、ここを小さな公園のようにして、『辻邦生が小説を書き始めた場所』の記念にしようと考えるようになった」(同著)。

だがそれも叶わず幻に終わる。

先般この地を久方ぶりに訪れた私は、界隈がさらに変わり新しくアパートとなっていることを知る。寂しいものだ。しかしその時、オヤッと気づいたことがある。辻邦生の家が、何と村上春樹の暮らしたマンションと目と鼻の先だったのである。多喜窪通りの、窓を開ければお互いの顔が見える距離だ。辻が国分寺を離れた年に村上夫妻が引っ越してくる。「これは大発見ではないか」と私はひとり興奮したものである。

それにしても辻夫妻の国分寺について残したエッセイは少なくない。邦生自身の一文を末尾に載せておこう。清冽(せいれつ)なこうした国分寺讃歌には、地元だけでなく多くの中央線沿線の人たちも納得するに違いない。

「東京郊外に、国分寺の遺跡につづく丘がある。かってこの辺りは櫟(くぬぎ)林に覆われた美しい丘陵地帯であり、小金井や貫井にまで連なっていた。こうした名前の由来にたがわず、豊かな水源に恵まれた土地であった。太陽が昇ると東向きのこの丘に真っ先に光線があたる。櫟林の中を散歩するときの静かな気配は、国分寺の建立に選ばれた土地だけあって、どこか神聖な雰囲気に満ちていた」(『のちの思いに』辻邦生)。

辻邦生

■つじくにお 作家。大正14年、文京区本郷生まれ。旧制松本高校から東京大学仏文学科に入る。後輩の佐保子と結婚。後に学習院大学仏文学科教授に。昭和38年『廻廊にて』、47年『背教者ユリアヌス』を発表。平成7年には『西行花伝』で谷崎潤一郎賞。平成11年、滞在先の軽井沢で逝去。昭和28年から20年近く国分寺市に暮らした。

小島信夫

国分寺崖線の白い小じゃれた家

日本文学史上の巨星のひとり、小島信夫。その著に『各務原　名古屋　国立』がある。晩年の作品だ。85歳のときに書き始めたこの作品は、小島に縁のあった3つの土地の各務原、名古屋、国立が舞台だ。記憶障害をもつ妻「アイコさん」との生活や回想を淡々と描くものだが、普通の小説ではない。ストーリーといったものはなく、講演録、日常の随筆、回想が入り混じり、「私は」と語りが続いていくと、突然「小説家のノブオさん」が登場する。妻の介護など多くの苦労を抱えつつ小島は小説を書き続けているのだ。

小島は大正4（1915）年に岐阜市に生まれる。東京帝国大学英文科を卒業。軍隊から復員後、大学で英語を教えながら創作を続け、昭和30（1955）年に『アメリカン・スクール』で芥川賞を受賞。昭和40年には『抱擁家族』で谷崎潤一郎賞を受賞し、安岡章太郎、吉行淳之介らとともに「第三の新人」(※1)だと呼ばれた。

※1　第一、第二は終戦から昭和20年代の作家たち

国分寺崖線の上に立つ家

小島の住まいは厳密には国分寺市光町である。が、著書では自宅を「国立の家」と書き、国立駅界隈にまつわる晩年の日々を描いている。それはまるで往時の町のガイドブックと言ってよい。大学通りが登場し、鉄道技術研究所（現公財鉄道総合技術研究所）が紹介され、中央線の高架化で今は姿を消した旧「国立ガード」が語られる。さらには北口の商店街「光マーケット」での妻「アイコさん」と立ち寄った往時の乾物屋、肉屋さんなどの日々が綴られるのだ。

小島の自宅は国立駅北口から徒歩5～6分と近く、その界隈への親しみはとくに大きい。例えば駅ホームから見る崖の上の自宅の光景を自著ではこう記す。

「駅のプラットフォームから、何かの拍子にふりかえると、線路ぎわから北口全体にわたって丘がつづき、雑木林やら松林のかげにボツボツ家が建っており、その中に不安定な家が見える。それは〈ノブサとアイコ〉が住んでおり、ひよわな二階の屋根も、一階のベランダも、たしかにハッキリと見える」（『各務原　名古屋　国立』）。

国分寺崖線の上に建つ小島の家への道は平板ではない。階段を登り、けっこうきつい。「そうですね。今はコンクリートの階段で、数えてみたら六十五段ほどありました。下の通りからカギ形にあがってくるのだから、実質は相当の高さになるでしょうね」（同著）。

もっともその後、国立駅北口はすっかり変貌してしまった。駅のホームから見えた小島の家もすっかりいくつもの高いビルで隠され、国分寺崖線のなだらかな丘もとぎれとぎれにしか見えない。しかし〈ノブサ〉の家には楽しいエピソードもある。例えば「小説家の山口さんが、問題の小島家の家の北側の公道である山道から、フェンスにつかまって家の中をのぞいていた」というのである。「エブリマン氏は、ただ散歩をしているうちに、たまたま、表札を見て坂の途中で足をとめてそろってフェンスにつかまったのであろう」と楽しそうに書いている。

大学通りは通勤路、北口は交差路

それだけではない。小島の日々の通勤コースは、国立駅を通って谷保駅に向かう、まっしぐらの大学通りである。その歩行途中でも小島の脳裏には、エブリマン氏の存在が屡々(るる)よぎっていく。

「いつものように一橋をカバンをかけて速足で、休むヒマなく歩き、谷保の駅までやってくると、南武線がフォームに横付けになる前に階段をかけ上ったり下りたりして、乗りこみ、それから二十五分間、小田急の登戸駅に着くまで、おとなしくじっとして時をすごした。谷保まで二十五分から三十分かかった。そのあいだ、ひたすら歩きつづけ、あとで時々江分利満氏のことを思いうかべることもあったが、それ以外は全く何も考えなかった」(同著)。

北口の自宅から南口の一橋大学を左右に見て大学通りを谷保駅に向かうというのだ。これが小島の通勤コースである。勤務先は明治大学理工学部。英語を教えていた。それにしても芥川賞作家が、一橋大学近くに住んでいた直木賞作家の山口瞳のことを常に意識しながら通うという。国立の町でないと見られない、なかなかの光景だ。いや山口瞳だけではない。小島の家は忌野清志郎の国分寺の実家の目と鼻の先にあり、清志郎が通った「みふじ幼稚園」の傍である。さらに小島には駅北口にもう一つの出会いがある。同じく芥川賞作家の中上健次との遭遇だ。著書の中で小島は、中上にこう親近感を伝えている。

「白十字は南口の大通りにもあるが、北口にある方は、駅の真正面にあるし、広々としているところが、何か田舎じみているというか、気取っていないと思う。この店のことにふれると、編集者は、すぐ中上健次とここで会ったという。私も彼らの姿を見たおぼえが一度ある。北の方の奥まったところには円い大きめのテーブルがいくつかあって、私も同じテーブルについたことがあるが、窓の外がゴルフの練習場になっていて、開けているといえばいえるので、彼のような大きい男がそこにいると、こっちも安心できてぐあいがよかった」(同著)。

国立駅には、北口にも中央線文化を彩る、もう一つの作家たちの交差路があったのだ。

小島信夫

■こじまのぶお
作家。大正4年岐阜市生まれ。東京帝国大学英文科を卒業。戦後は明治大学教授。昭和30年『アメリカン・スクール』で芥川賞。昭和40年『抱擁家族』で谷崎潤一郎賞。国立駅北口近くの、国分寺崖線に立つ家を終の棲家とした。平成18年に91歳で没。晩年に『各務原　名古屋　国立』を刊行した。

（中上健次資料収集室提供）

中上健次

国立駅北口「白十字」が〝玄関口〟

中上健次は和歌山県の新宮市に生まれた。高校卒業後に上京。紀州熊野を舞台にした数々の小説を描き、独特の土着的な作品世界を作り上げた。昭和51（1976）年に『岬』で芥川賞を受賞、戦後生まれで初の芥川賞作家となり、話題となった。しかし腎臓がんの悪化により46歳という若さで他界した。

中上は昭和45年9月から国分寺市西町の畑の中に家を借りて住む。24歳の時で、結婚してすぐのことである。そして3年後の昭和48年には玉川上水のある小平市へ引っ越していく。夫人の山口かすみは伝奇作家の紀和鏡（きわきょう）、長女はこの西町で生まれており、清冽な文章を書く紀行作家の中上紀（のり）である。『彼女のプレンカ』で平成14（2002）年にすばる文学賞を受賞している。

国分寺西町での日々のこと

往時のことを中上は、同じ芥川賞を受賞していた作家小島信夫との対談で次のように発言している。当時、中上は国分寺西町に、小島は隣の光町に住んでいた。国立駅北口の喫茶店「白十字」で中上の大きな体との出会いもある（95頁）。近所同士の住民としての会話が、この対談に先立ってされただろうと考えると興味深い。

「上の二人は女の子でした。最初の子が生まれたとき、僕は二四だったんです。普通の人間なら喜ぶだろうけど、僕の場合は、子どもと散歩しながら自分が自殺して死にかかっており、眼の前で子どもが花を持って遊んでいるような、そんなことばかり考えていました」（中上健次発言集Ｉ『地の果て、至上の時』をめぐって）。

当時は『十八歳』等の作品を公表していたものの、羽田空港で飛行機の水洗いに従事し、またフォークリフトで貨物の積み下ろしをしていた不安定な時代のことである。しかも空港では、労働条件の厳しさからオルグ活動を始め、組合まで組織していた。

今は日野市に住むかすみ夫人だが、国立駅を乗り降りしていた20代の頃の中上健次について尋ねると、こう話してくれた。

「北口の喫茶店『白十字』は中上の〝玄関口〟でしたね。編集者の人は、わが家に彼がいないことを確認すると直接『白十字』に電話し、『中上さんはいませんか』と聞いていたくらいです。実際に中上は、隣接していた駅北口のゴルフ場の駐車場を専用に借りて『白十字』に通っていました。田舎じみた北口の『白十字』の雰囲気が好きだったんでしょう。

その『白十字』で中上は、あの大きな体にもかかわらず、〝集計用紙〟を原稿用紙代わりにしていました。それを4つ折りにしてポケットに入れて。新宿のジャズ喫茶などにも行くんですが、片隅で原稿を書いていましたよ、やはり〝集計用紙〟を使ってね（笑）」。

いやいや私はうるさいのはダメです。彼と違い私は原稿を静かなところでなきゃあ書けません。そう話しながら伝奇作家の紀和鏡ことかすみ夫人は、国立にまつわる20数年前の夫との記憶について、手繰り寄せるように話を続ける。しかしもう吹っ切れているのか、長い時間が経ったからか、その内容にも声にもくったくがない。

東京から月一回の〝熊野詣〟

「ええ、中上は最後に故郷の新宮で息を引き取ります。早世したのは酒やたばこや生活の不摂生のためですね。毎晩飲んでいましたし、ハードな生活を何年もしていましたからね」。

中上は新宮の「路地」という、その後の作品の舞台となる部落差別の中で育つ。が、故郷への思いは強い。亡くなる2年前の平成2（1990）年、「熊野大学」を発足させる。

「熊野学」講座とも言うべき運動であるが、ほとばしるような勢いを持つ。毎月一回の開催に、「僕の熊野詣です」と欠かさず向かっているのだ。平成3年には親交のあった都はるみを招き、奉納コンサート「都はるみin熊野神社」を開き、話題を呼んだ。

しかし翌年1月に腎臓がんが判明。2月に入院し、8月に永眠する。かすみ夫人はその年のある日の、国立の町に絡む中上健次の思いを私にこう話してくれた。

「国立の町への印象ですか？　瀟洒（しょうしゃ）な南口の町（学園都市）は北口の方と異なり、中上の興味の遠くにあったようです。いえ、あの町並みには強い違和感があったのかもしれません。ですからほとんど足を向けたことはなかったのです。でも最後に東京を離れて和歌山の病院に向かう際に中上は、『北口も南口も見たい。国立の町を目に焼き付けたい』と言いました。ですから彼を車に乗せて、国立駅周辺や南口の界隈をゆっくりゆっくり廻ったんですよ。彼が亡くなるほんの少し前のことです」。

※国分寺西町は国立駅北口にある鉄道総合技術研究所の北に広がる。今は建物が立ち並ぶものの、ところどころに畑が残っている。

中上健次

■なかがみけんじ　作家。昭和21年、和歌山県新宮生まれ。24歳の昭和45年から国分寺市西町に住む。昭和51年に『岬』で芥川賞を受賞。故郷への思いは強く、亡くなる2年前に「熊野大学」を発足させる。平成4年没。46歳という若さであった。夫人は伝奇作家の紀和鏡、長女は紀行作家の中上紀。

忌野清志郎

富士本も多摩蘭坂も好きだ

忌野清志郎がバラードの名曲『多摩蘭坂』を世に出したのは昭和56（1981）年のことだ。「多摩蘭坂を登り切る手前の坂の途中の家に住んでいる」とうたわれたこの坂は、国分寺崖線の国立と国分寺の境界に位置する。今や〝キング・オブ・ロック〟忌野清志郎の聖地である。

そうであれば直にその地を確認してみたいもの。キヨシローファンならずとも私も先般、多摩蘭坂の旧住まいを目指してみた。しかしよく分からない。戦後からこの界隈に住む知人に尋ねると、「キヨシローさんが国立で住んでいたのは、木造の平屋で今にも倒れそうなアパートでした。もう跡形もありませんよ」とのこと。がっかりする私を見かね、案内してくれたのは多摩蘭坂沿いに積まれた石垣の一角だ。坂を挟んだ反対側には今も花束が置かれる「たまらん坂」の標柱が立つ。知人は懐かしそうに語る。

「キヨシローさんがテレビ番組の企画で、この石垣の前で『多摩蘭坂』の弾き語りをされましたよ」。

忌野清志郎は昭和26（1951）年に中野区で生まれ、国分寺市富士本（ふじもと）で育つ。都立日野高校出身で、俳優三浦友和を同級生にもつ。昭和45年にバンド「RCサクセション」でデビューし、派手な衣装とメーキャップ、独特の歌声でファンを熱狂させた。80年代には『雨あがりの夜空に』『トランジスタ・ラジオ』、坂本龍一と組んだ『い・け・な・いルージュマジック』など、数々のヒット曲を出して全国的な人気ミュージシャンに。その後のソロ活動では、戦争や原発に反対するメッセージ性の強い歌で話題となった。平成18年、喉頭がんを患っていることを公表。しばらく活動を休止したのち、平成20年には「完全復活祭」という単独ライブを日本武道館で開催しエネルギッシュな姿を見せた。しかし転移が進み、翌年58歳で永眠した。

令和5年の忌野忌は三角駅舎

忌野清志郎を慕うファンは今も多い。没後10年の令和元（2019）年の秋、清志郎の母校の国分寺市立第二小学校

「たまらん坂」の標柱

でトーク&ロックのイベントが持たれた。地元のみならず各地のファンも含め、参加150人という盛況である。その折、幼なじみで清志郎を「栗原クン」と呼ぶ、国分寺市職員OBさんの話に会場はひときわ盛り上がった。

「栗原クンはまじめな人で、国民年金もちゃんと払っていました。国分寺の後、国立駅近くのアパートに引っ越していくのですが、住民票はずっと国分寺のままでした。ですから選挙の投票にもいつも国分寺に来てたんです。ある時は黒いポルシェに乗って来て、びっくりしました。「栗原クン」は地元思いで、病に伏せってからも、市の成人式にお祝いメッセージを送ってくれましたよ、それもファックスで」。

会場はこうした生のエピソードが出るたびにどっと盛り上がる。スーパースターの清志郎と空間を共有していたという親近感と等身大の距離感は、どんな絆よりも強い。「地元」というのは人を幸福にする不思議な力を持つ。

毎年、命日の5月2日前後にファンによる忌野忌（いまわのき）が持たれている。当日は国立駅に集合。昼の部では「ゆかりの地めぐり」として数多くの楽曲の舞台となったスポットを約2時間半で巡る。『多摩蘭坂』『ぼくの自転車のうしろに乗りなよ』の大学通り、『国立市中区3-1（返事をおくれよ）』の桐朋高校、そして清志郎の育った国分寺の実家や通園した「みふじ幼稚園」「国分寺二小」の界隈を散策する。夜の部は酒を飲みつつ思い出話を楽しむというのである。

令和5年の忌野忌は、命日の5月2日に開催された。しかも国立駅南口すぐの旧駅舎での「忌野忌2023　このまちとキヨシロー」展となった。駅舎広間でパネルをじっくりと見入る人、「私の好きなキヨシロー」とメッセージや思い出を書き込む人、ファンの思いは今も熱い。

そうそう、国立の三角駅舎での忌野忌ということでいえば、この話はしておかなくてはならないだろう。平成10年頃、取り壊されることになった三角駅舎を保存しようという運動が起きた。その時、清志郎は次のようなメッセージを寄せ、三角駅舎への思いを清志郎「色」でこう伝えているのだ。

「国立に住んだのは、ヨーチエンの頃から。小学校のころは国立プールや多摩川まで自転車で行った。たくさんの友達と、駅の前には池があってそこでツリをしたこともあった。交番につかまったこともあった。（略）国立の歌も作ってレコーディングした。あんまり売れなかったけどね。今はバンドマンになって、ロックのカリスマになった。日本全国をツアーするけど東北も九州もみんな同じような街になってる。始めたころは、地方都市の個性があったのに今じゃ、すべてが画一的だ。バカなことだと思う。没個性ってやつだ。自分で自分の首をしめるようなもんだぜ」（「国立駅舎保存の会」パンフレット）。

※多摩蘭坂は国立駅南口から京王バスで5分。バス停「多摩蘭坂」で降車。徒歩では10分ほど。桐朋高等学校は駅南口から10分、「みふじ幼稚園」は駅北口から7分、国分寺市立第二小学校は15分ほど。

忌野清志郎

■いまわのきよしろう　ロック歌手。昭和26年に中野生まれ。国分寺市富士本で育つ。一時、国立市の多摩蘭坂近くのアパート住まいも。昭和45年にバンド「RCサクセション」でデビュー。80年代には『雨あがりの夜空に』、『トランジスタ・ラジオ』など次々にヒット曲を出し、キング・オブ・ロックと言われた。平成21年、58歳で逝去。5月初旬には国立駅界隈で忌野忌が催される。

藤森照信

「草屋根」「縄文」の「藤森ワールド」

「ザ・藤森照信」。今、建築界のみならず世間に衝撃を与える「藤森ワールド」作品群を提供し続けている。くだんの異才を人々は、畏敬と親愛の念を込めて「ショーシンさん」と呼ぶ。

しかしこの建築家の登場に一番沸いているのは、地元の国分寺市の人たちかもしれない。藤森は昭和51（1976）年に東元町の地に引っ越してきた。その後平成7（1995）年に建て替えられた自宅が「タンポポハウス」である。屋根にはタンポポが植えられる。建物と自然との「共生」でなく、自然によって「寄生」される建築というのが設計イメージだという。「藤森ワールド」のキーワードは「草屋根」と「縄文」と言われるゆ

タンポポハウス

えんである。

テーマは「草屋根」「縄文」

まずは「藤森ワールド」を知ってもらうため、その作品群として世間に強い影響を与えてきたものを紹介しておこう。

その筆頭は平成16年に、藤森の故郷である長野県茅野市の実家近くの小山に建てられた「高過庵」だ。大きなキノコのように高く伸びた空に浮かぶ茶室である。もちろん梯子を掛けねば登れない。ＪＲの「駅からハイキング」の茅野駅からのコースに「アート鑑賞めぐり」となったことからも、その不思議世界への人気ぶりが分かるというものだ。

「草屋根」「縄文」のテーマは昨今とくに拡大する。平成27年、滋賀の琵琶湖近くに建てられたのは「ラ コリーナ近江八幡」。老舗の和菓子屋さんのメインショップだが、里山と水郷の地に現れた「草葺き」の広大な建物群はお伽の世界である。滋賀県は毎年、県内の観光客の調査結果を公表しているが、最近（2022年9月統計）で観光客数が最多だったのは6年連続でこの「ラ コリーナ」だ。年間２５０万人を超える年もある。

藤森の発信力は建築家としての作品に限らない。建築史家としての発信力も大きい。例えば令和元（２０１９）年の国立市で開かれた「旧国立駅舎再築記念シンポジウム」で次のように解説。撤去された旧三角駅舎の復元に取り組んできた地元の市民たちを大いに力づけている。

「歴史的な建物を残すということ。それは風景というものがアイデンティティを作っており、ずっとみられ、いつも同じ風景であるということが大切なのです。アイデンティティを確認できたという感情、すなわち『なつかしい』という感情がもてることが人に安心感を与えてくれるのではないか」と。

それに先立つ平成15年の「一橋大学記念講演」でも、構内に残る兼松講堂についてこう発言している。

「大正から昭和初期にかけて作られた記念碑的な建物は、東大の安田講堂にしても、早稲田の大隈講堂にしても慶應の記念図書館にしても、基本的にはみなゴシック様式。ところがその向こうを張ったのでしょうか、一橋の兼松講堂だけはロマネスク様式なのです」。

藤森のこうした言動で、中央線沿線の魅力が担保・増幅されていくことは間違いない。

地元国分寺に溶け込む「藤森ワールド」

藤森照信は昭和21年、長野県茅野市生まれだ。東北大学建築学科に入学、その後東京大学大学院へ移る。昭和61年に『建築探偵の冒険・東京篇』でサントリー学芸賞。赤瀬川原平、南伸坊らと路上観察学会を結成した。平成10年に東京大学生産技術研究所教授。

『明治の東京計画』で日本建築学会賞を受賞する。平成22年に東京大学を退職し現在名誉教授。平成28年から東京都江戸東京博物館の館長に就任した。

それにしても藤森と国分寺市との関係は長い。引っ越してきたのが昭和51年であるからほぼ50年である。自宅の「タンポポハウス」の他に、数年前には近くの泉町のギャラリー「丘の上APT」に、「トタンの家」と「チョコレートハウス」も設計している。しかもこれら作品群を時に地元の人に公開しての見学ツアーなども催した。地元のファンにとってはたまらない。

過日、藤森夫妻らと食事をした折のこと、「屋根や壁に植えた日本タンポポというのは夏の暑さで消えてしまって……」と夫人は苦笑していた。「またまた集めて植えるのも水をやるのも面倒なもの。しかも夫は忙しさもあってか自分ではやらない。水やりなど私が朝5時に起きてやっていたんです」と。そんな恨み節をちょっぴり口にしつつ、「それにしても飛んで行ったタンポポの綿毛を受け止めてくれる近所の皆さんには感謝しています」と話している。

こうした「ショーシンさん」家族の縄文的な空気こそが、「藤森ワールド」の真髄かもしれない。

※「タンポポハウス」は国分寺駅南口から徒歩20分。「トタンの家」「チョコレートハウス」（個人宅）は駅南口を右手に曲がり、多喜窪通りに沿って徒歩10分ほどに位置する。

藤森照信

■ふじもりてるのぶ
建築家・建築史家。昭和21年茅野市生まれ。東北大学建築学科に入学、その後東京大学大学院へ。平成10年に東京大学生産技術研究所教授。『明治の東京計画』で日本建築学会賞受賞。国分寺市東元町に住みタンポポハウスを建てる。現在東京大学名誉教授。平成28年から東京都江戸東京博物館館長に就任。

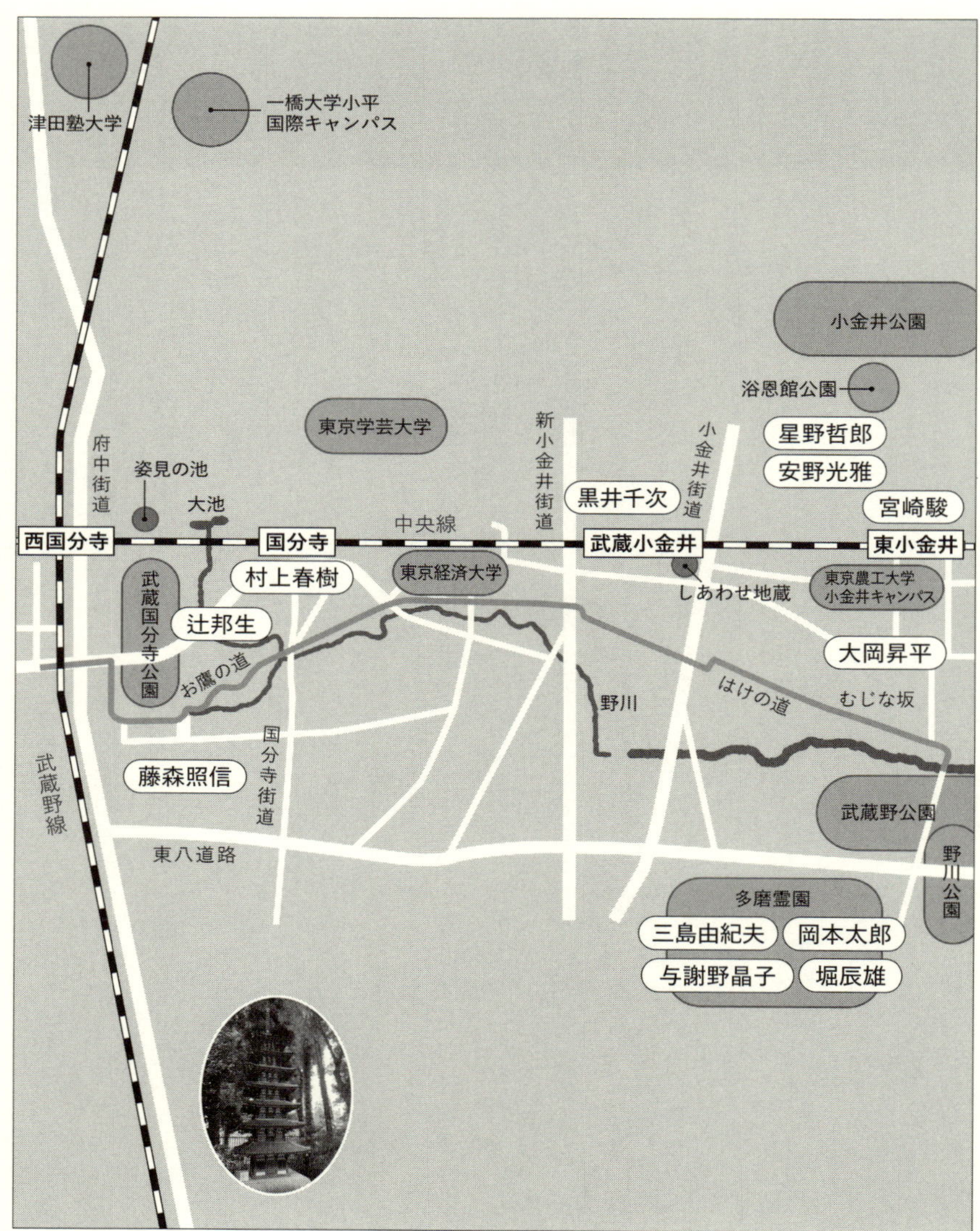

図3　国分寺・小金井の文化人散歩マップ

4章 小金井編

大岡昇平

今も胸の騒ぐ『武蔵野夫人』

『武蔵野夫人』と聞くと、多くの人が不思議と胸を騒がせるのは何故であろうか。小説の舞台となる野川のせせらぎが懐かしいのか、あるいは漂って来る男と女の機微に心を惑わせるからか。それにしても中央線と作家を語るのに、この『武蔵野夫人』の大岡昇平を取り上げないわけにはいかない。

なぜそこが「はけ」と呼ばれるかを知らない

「土地の人はなぜそこが『はけ』と呼ばれるかを知らない」。

『武蔵野夫人』の冒頭である。そして「中央線国分寺駅と小金井駅の中間、線路から平坦な畠中の道を二丁南へ行くと、道は突然下りとなる」と語られる。小説のあらすじは、新潮社版では次のように解説される。

「貞淑で、古風で、武蔵野の精のようなやさしい魂を持った人妻道子と、ビルマから復員してきた従弟の勉との間に芽生えた悲劇的な愛。——欅や樫の樹の多い、湧水豊かで静かなたたずまいの武蔵野を舞台に、姦通・虚栄・欲望などをめぐる錯綜した心理模様を描く。スタンダールやラディゲなどに学んだフランス心理小説の手法を、日本の文学風土のなかで試みた、著者の初期代表作のひとつである」（新潮社版・解説）。

『武蔵野夫人』は昭和25（1950）年に文芸雑誌『群像』に連載された。戦後を代表するベストセラーとなる。翌年の昭和26年には東宝で映画化され大ヒットした。監督は溝口健二、主演は田中絹代。『武蔵野夫人』は、国木田独歩の『武蔵野』とあわせ、武蔵野ブームを生んだ2大小説といわれる。それだけにこの小説のモデルとなる秋山道子と夫忠雄の住む家は一体どこの辺りだったのだろうか。気になってくるというものだ。

大岡が昭和23年に身を寄せた友人宅、それは「むじな坂」といわれる国分寺崖線の一角だ。

小説の舞台もロケ地も国分寺崖線

こうなると、やはり現場を確認しないと落ち着かない。そこで私はある日曜日に、野川沿いのモデルとなった屋敷界隈をめざしてみた。小金井街道沿いを南に歩き、連雀通りを横切り、しばらくして左折し、「はけの道」に入る。はけの森美術館を過ぎると「むじな坂」に到着する。駅から15分ほどだ。周りは木の葉がつもる住宅が並ぶが、小説に描写されるような静寂な畠地や雑木林はもはやない。後年、「はけの道」と命名されたとはいえ、終戦直後の「はけ」の風景を想起するのは困難だ。

その不完全燃焼さを回避するには、西国分寺駅近くの、もう一つの『武蔵野夫人』の舞台、恋ヶ窪の「姿見の池」を訪れるべきだろう。そこは野川の源流近くであり、恋ヶ窪という地名によって、女主人公が自らの「恋」に気づく地でもある。こうして周辺の舞台をつないでみると、思いのほか、崖線全体が小説全体と結びついて、長い散策路も短く感じてくるというものだ。

もっとも映画『武蔵野夫人』のロケ地となった「野川」であるが、より小説の雰囲気を持つとして撮影は東久留米の「落合川」でも行われたと地元で聞いた。同じ豊潤な湧水の地として有名だ。

西恋ヶ窪「姿見の池」

大岡昇平は明治42（1909）年に東京は牛込に生まれた。幼少期は渋谷で転居を繰り返した。青山学院中学部に入学、大正14年に成城第二中学校に編入。昭和5年に京都

帝国大学仏文科に入学する。卒業後は帝国酸素などに勤務。昭和19年、召集されてフィリピンのミンドロ島に赴く。翌年に米軍の俘虜(ふりょ)となりレイテ島収容所に移送。敗戦を迎え、九死に一生を得て家族の疎開先の明石市に帰る。

昭和23年に東京に戻り、小金井の富永次郎のもとに寄寓する。富永は成城中学校の時の友人であり、後に美術評論家となる。野川を前にしたこの屋敷で『武蔵野夫人』が着想されるのだ。他方で大岡は戦場体験を書いた作品を発表する。昭和24年、『俘虜記』で横光利一賞を受ける。他に『野火』(読売文学賞)、『レイテ戦記』(毎日芸術大賞)がある。昭和47年、芸術院会員に選ばれたが「捕虜になった過去があるから」と言ってこれを辞退したとのエピソードが残る。

大岡昇平は50代後半から通算10年を芥川賞選考委員となる。そのこともあってか、墓所は多磨霊園にあり、芥川賞・直木賞を創設した作家、菊池寛の墓のすぐ近くに眠る。多磨霊園は言うまでもなく、『武蔵野夫人』の構想を練った富永次郎宅と、野川を挟んで反対側に位置する霊園だ。もっとも三段墓のその家墓は、作風とは異なり「大岡家之墓」と極めて簡素に刻まれている。昭和63年没。

※「むじな坂」は武蔵小金井駅南口を出て小金井街道沿いを南下。しばらくして左折し「はけの道」に入る。はけの森美術館を過ぎて到着する。駅から15分ほど。また「姿見の池」は西国分寺駅から徒歩10分。遊女の夙妻太夫(あさづまだゆう)が鎌倉武士の畠山重忠を慕ってこの池に身を投じたとの伝説が残る。

大岡昇平

■おおおかしょうへい 作家。明治42年、東京都牛込生まれ。昭和5年に京都帝国大学仏文科に入学。昭和19年、召集されてフィリピンに赴く。俘虜となりレイテ島収容所に移送。昭和23年に東京に戻り、小金井の富永次郎宅に寄寓する。野川を前にしたこの屋敷で『武蔵野夫人』が着想される。芥川賞選考委員。昭和63年、79歳で没。

黒井千次

「たまらん坂」か「多摩蘭坂」か

小金井住まいは野川のほとりから

作家黒井千次は小金井市民である。前原町と本町の2か所に住んだ。平成30（2018）年には小金井市の名誉市民にも選ばれている。昭和7（1932）年、東京の高円寺生まれ。東京都立西高校から東京大学経済学部へ。富士重工業（現SUBARU）に入社しサラリーマン生活を送る。『群棲』で谷崎潤一郎賞、『カーテンコール』で読売文学賞。芥川賞選考委員も務め、日本文藝家協会の理事長の任にもあった。平成26年に日本芸術院長、そして文化功労者となる。近年も93歳で『老いの深み』を出し話題となった。

久しく小金井市に居を構える。自らが客員教授としても籍をおいていた武蔵野大学での、平成22年の講演でこう語ってもいる。

「最初は前原町という小金井の駅から多磨墓地の方に坂を下った先のところ、野川のほとりになります。前原町にいた時期と、今の学芸大の側、本町の2か所に住んだ経験があります」。

ところでその作家が、なぜ国立の「たまらん坂」に関心を持ったのだろう。一橋大学近くの国立学園で、辻井喬（堤清二）亡き後にその理事長を継いでいただけに、大学関係者から聞いたのだろうか。あれこれ調べてみると、前述の平成22年の講演でこう説明している。そのきっかけは、思わず苦笑いしてしまうというものだった。

「国立に紀ノ国屋という、本屋ではなくて食品を売る店があります。時々そこに行かせられますので、女房を乗せて車で走って行くと、帰り道、坂を登り始めるその左側の駐車場に『たまらん坂』というかなり大きな看板があり、それがひらがなで書いてある。なんかその『たまらん』という字が〝たまらない〟という感じに飛び込んできちゃったんです。たまらない坂というのは一体何だろう。地図やバス停もそうなんですけれども、調べると、多摩蘭坂と漢字が出ています。だけど、あれを漢字にしてしまっては何ともつまらない、たまらない」（平成22年6月28日大学講演）。

「たまらん坂」か「多摩蘭坂」か

黒井千次の作品『たまらん坂　武蔵野短篇集』。その中で、「たまらん坂」は、忌野清志郎の歌詞のように漢字の「多摩蘭坂」なのか、いや「堪らん坂」や「タマラン坂」ではなかったのか。その由来を追っている。その折に黒井は、一橋大OBたちがまとめた一冊『国立・あの頃』（国立パイオニア会編）を見つける。そして「たまらん坂」は「たまらん坂」なんだと納得するのだ。それが以下のくだりである。ちなみに忌野清志郎が国分寺市の実家を離れ、一時住んでいた国立のアパートはバス停「多摩蘭坂」の南側にあった。

「K氏によれば、昭和二年、箱根土地株式会社が開発を計画した学園都市の走りとして、一橋大学の専門部が神田から国立に招致された。『たまらん坂』は、当時は国分寺に向けて雑木を切り開いた赤土の坂で、まだ名はなかったという。学生の通学は八王子行の汽車によったが、その頃省線（国電）は今の国立の一つ手前の国分寺迄しか来ていなかったため、学生は汽車に遅れると国分寺まで電車に乗り、駅前に待っていた一台だけのタクシーを共同で利用するか、四キロほどの道のりを歩くしかなかった。ようやく『たまらん坂』の上まで辿り着くと校舎が見えるのだが、ちょうどその辺りで始業の鐘が鳴り始める。天気の好い日はまだ救われたが、雨降りの折などは赤土が泥濘(ぬかる)んで足を取られ、走ることも出来ない。ズボンを泥まみれにして土のこびりついた重い靴で教室に駆け込むと、もう先生は出欠をとっている。辛うじて返事を

昭和初め頃の「たまらん坂」（国分寺市教育委員会提供）

すませた後、「こいつぁ、堪らん」と息絶え絶えの言葉が口から洩れたのだそうである。これが「たまらん坂」の名の起りだ、とK氏は明言している」(『たまらん坂　武蔵野短篇集』)。

もっとも昭和2年から国立に住む志田次子(52頁)は、その著『くにたちに時は流れて』の中で、「それは大八車やリヤカーを輓く人が『こんな坂いやだ、たまらん、たまらん、たまらん坂』と自然発生的に通称していた」と著している。後に来た商大生が自分が名付け親だというのは思い込みだと言うのだ。そこで、私も国立の市役所に諸説の真偽を聞いてみた。すると、「たまらん坂」という名が公称名になっていることはありませんと、無機質な返事が返ってきた。いささか淋しい。

「たまらん坂」といえばもう一人忘れてはならないのは嵐山光三郎である。近所に住み、桐朋学園での思い出も兼ねた小説の中で、坂のことをこう書き記す。

「祐太(注:嵐山自身)は、秋の校内美術展に出す図画の題材を、一橋大学の時計台にした。家の近くに多摩蘭坂という急坂があり、その坂沿いの丘の上から時計台を見渡すことが出来た。手前に多摩蘭坂と雑木林を描き、町並の彼方に時計台を入れる構図だった。坂に面したこの丘は祐太が気に入っている場所で、それまで、何回かこの丘から風景画を描いていた。この丘からは国立の町全体を見渡すことが出来た」(『夕焼け学校』)。

どうやら嵐山光三郎は、黒井千次と違い「たまらん坂」派でなく「多摩蘭坂」派であるようだ。

黒井千次

■くろいせんじ
作家。昭和7年、東京都高円寺生まれ。東京大学経済学部から富士重工業に入社。『群棲』で谷崎潤一郎賞、『カーテンコール』で読売文学賞。芥川賞選考委員も務める。平成26年に日本芸術院長。文化功労者ともなる。久しく小金井市に居を構え、平成30年には小金井市名誉市民に選定される。

（撮影：荒牧万佐行）

星野哲郎

地元小金井への愛着はハンパではない

作詞家星野哲郎が小金井市の梶野町に家を建て、吉祥寺から引っ越したのは昭和33（1958）年のことである。星野はその後、平成22（2010）年に85歳で生涯を終えるまで半世紀近くを、緑多い小金井公園の傍で過ごす。

亡くなる2年前の平成20年、小金井市は星野を地域に貢献した名誉市民とし、次のように紹介している。ちなみにこの時、小金井市の第一号となった名誉市民には、他に監督の宮崎駿がいる。

「星野哲郎氏　大正14年~平成22年。作詞家。『三百六十五歩のマーチ』『兄弟船』『風雪ながれ旅』『みだれ髪』など、約3000の作品を創作。日本音楽著作権協会会長、日本作詩家協会会長などを歴任し、昭和61年に紫綬褒章、平成12年には勲三等瑞宝章を受章されました。また、本市教育委員会委員長職務代理者を務められ、JR武蔵小金井駅南口商店街に設置されたウォーキング姿の『しあわせ地蔵』の命名、さらに、14万缶にも達する都立小金井公園での空き缶拾いなど、さまざまな分野で多大な貢献をされました」（小金井市ＨＰ）。

詞の命は出だしの2行にある

戦後の日本の歌謡界を文字通りリードしてきた星野哲郎。生まれは大正14（１９２５）年、山口県の周防大島である。昭和21年、清水高等商船学校（現東京海洋大学）を卒業。遠洋漁業の乗組員となるも結核のため故郷で4年の闘病生活を送る。昭和32年、横浜開港１００年祭記念イベントの応募作2作が1位、2位を獲得。この時の審査員であった作曲家船村徹に誘われ上京し、日本コロムビアの専属となる。その後は船村とはゴールデンコンビとなって「作詞：星野哲郎、作曲：船村徹」で名作を世に輩出する。

星野の作品は世代を超え、広く国民に染み入っているといってよい。団塊世代の筆者であればちょっと思い浮かべるだけでも、たちまち十指を超える。『思い出さん今日は』（島倉千代子）、『黄色いさくらんぼ』（スリー・キャッツ）、『アンコ椿は恋の花』（都はるみ）、『函館の女』（北島三郎）、『昔の名前で出ています』（小林旭）、『たそがれの銀座』（黒沢明とロス・プリモス）、そして『みだれ髪』（美空ひばり）。

「詞の命は出だしの2行にある」というのが星野流の作詞法だ。たしかに歌詞のどれもが、それを実証していると言えようか。晩年の傑作、『みだれ髪』での「髪のみだれに手をやれば赤い蹴出しが風に舞う」などその最たるものだろう。ちなみに星野は平成22年に亡くなるが、葬儀は自ら作詞した「俺がいたんじゃお嫁にゃ行けぬ」の『男はつらいよ』の曲で出棺された。

集めた空き缶は何と14万缶

さて星野哲郎の地元小金井へのこだわりはハンパではない。なかでも特筆されるべきは、早朝の午前3時から毎日、小金井公園の空き缶拾いである。発端は昭和55年の55歳の時に患った心筋梗塞後のリハビリのため、公園で始めた早朝散歩だ。亡くなるまでに14万缶というからこれはタイヘンだ！

ところで、この美化活動の話を聞くと、小金井でもう一つ取り上げるべきことがある。それは近所の緑町にある「浴恩館」（現小金井市文化財センター）である。ここは『次郎物語』で有名な作家で社会教育家である下村湖人（明治17（1884）年～昭和30年）が、昭和初めに全国の青年団員の指導をしていたところだ。下村はその講習所の初代館長を勤めた。

その由緒ある「浴恩館」で、下村湖人読書会など学習会を開いている地元グループがある。一昨秋訪れた浴恩館での下村湖人読書会の際、私はそのメンバーで公園の美化サポーターの中嶋直子代表からこんな話を聞いた。美化サポーターの発足は平成20年。星野哲郎が小金井公園の空き缶を拾い続け、名誉市民に選ばれた年だ。美化サポーターは月2回の公園のゴミ拾い、除草を10数年続け、今に至っているという。

「星野さんと私どもとは個人的なつながりはありません。でも大きなゴミ袋を運んで空き缶を集めていた姿は何度か拝見したことがあります。とても地域に気を遣われていたようです」。

『次郎物語』のなかに湖人が青年たちに伝える、有名な言葉がある。

「白鳥蘆花に入る」。

白鳥は舞い降りて芦原にまぎれると目立たないが周囲へ羽風を起こす、そんな人になれと教えるものだ。星野哲郎の早朝の缶拾いの姿。それがいつの間にか「白鳥蘆花に入る」ように、静かに地域に広がっていったのではないか。そう考えては、いささか美談にすぎるというものだろうか。

「浴恩館（小金井市文化財センター）」（小金井市観光まちおこし協会）

※「しあわせ地蔵」は武蔵小金井駅の南口、交番の近くに立つ。除幕式には水前寺清子も参加した。「都立小金井公園」は駅北口から西武バスに乗り「小金井公園西口」下車。「小金井市文化財センター（浴恩館）」は小金井市緑町3－2－37。武蔵小金井駅からバス。

星野哲郎

■ほしのてつろう　作詞家。大正14年、山口県周防大島の生まれ。昭和21年、清水高等商船学校を卒業。結核のため故郷で4年の闘病生活。作曲家船村徹に誘われ上京し日本コロムビアの専属となる。小金井市には昭和33年に転居し終の棲家に。主な作品に『黄色いさくらんぼ』『アンコ椿は恋の花』『昔の名前で出ています』『みだれ髪』など。小金井市初の名誉市民となる。平成22年、85歳で他界。

安野光雅

終の棲家小金井とふるさと津和野

安野光雅の作品といえば、どこの図書館にも数多く置かれる、子どもたちにも親たちにも大いに人気の絵本だ。代表作は『ふしぎなえ』『ABCの本』『旅の絵本』など。いや年配者の多くは司馬遼太郎の『街道をゆく』の挿画を思い浮かべることだろう。

小金井の緑町が終の棲家に

安野光雅の故郷は島根県の津和野である。上京し、やがて小金井市の緑町に居を構え、そこを終の棲家とした。それだけに地元小金井には強い思いを示す。2つのエピソードを挙げよう。

一つは年賀状の「小金井刑務所騒動」である。安野は昭和45（1970）年の年賀状に「今年は真人間になってまじめに働きます」と書いた。その上に住所を小金井刑務所の独房と記し、それを知人たちに送ったというのである。ジョークというものの、年賀状を受け取った人に安野夫人が「旦那さんはいつ刑務所から出て来るの?」とソッと質問されたとも言う。安野が自薦する「代表作」は『ＡＢＣの本』だ。その副題には「へそまがりのアルファベット」としている。安野は常にユーモアと自虐を愉しんでいたようだ。

もう一つは平成３(１９９１)年にオープンした小金井市緑センター(公民館緑分館)の「魔方陣」の制作である。緑町在住だった安野は市から館の壁面のデザインを依頼される。完成したのは「魔方陣」というユニークな作品だ。壁にはびっしりと多くの数字が書かれている。縦横４枚ずつの正方形のグループを取り出すと、必ず、縦・横・斜めの４枚のタイルの数の和が34になるように配置されている。地元の子どもたちへのビッグなプレゼントだ。

安野光雅、ふるさと津和野、そして森鷗外

安野は大正15(１９２６)年に津和野の宿屋の息子として生まれた。昭和15年に宇部工業学校採鉱科に入学。その後住友金属鉱山に就職するも応召。のちに山口師範学校を修了し、昭和24年に美術教員として上京する。三鷹市立第五小学校や明星学園等で10年ほど教師を務める傍ら、本の装幀やイラストなどを手がけた。昭和43年に刊行された最初の絵本『ふしぎなえ』で作家としてデビュー。やがて絵本は世界各国で翻訳されてい

く。「最も美しい50冊の本賞」（米）、「ＢＩＢ金のリンゴ賞」（チェコ）、国際アンデルセン賞などを受賞し海外での評価も高い。平成13年の春、津和野町に「安野光雅美術館」が開館。令和２（２０２０）年に94歳で没した。

それにしても安野の望郷の念は強い。画集『津和野』にとどまらず日本の原風景としても津和野の姿を多く描いた。晩年には『いずれの日か国にか帰らん』『故郷へ帰る道』等のエッセイを残している。ちなみに安野は故郷の偉人森鷗外がアンデルセンの原作を翻訳した『即興詩人』の熱心なファンであったとも伝わる。そんな安野のエッセイを追うとこんな一文に出くわした。

「平成になってすぐ、ベルリンの壁が壊れた直後に見に行きました。（略）ブランデンブルグ門を通って東ドイツに入り、森鷗外の家にも行きましたが、その頃は記念館として整ってはいませんでした。家はここだとわかったけれど、閉鎖されていた。それにビルというビルのベランダはみんな落ちていて、ぼろぼろの状態」（『安野光雅―自分の眼で見て、考える』）。

『ふしぎなえ』（福音館書店）

安野光雅

■あんのみつまさ
絵本作家。大正15年、島根県津和野で生まれた。山口師範学校を修了し、昭和24年に美術教員として上京する。三鷹市立第五小学校や明星学園等で教師を務める傍ら、本の装幀やイラストなどを手がけた。昭和43年に刊行された絵本『ふしぎなえ』で作家デビュー。小金井市の緑町に住む。絵本は世界各国で翻訳されている。令和2年に94歳で没した。

森鷗外は、明治20（1887）年、陸軍省の留学生（軍医）としてフンボルト大学（旧ベルリン大学）に赴く。そこでコッホから細菌学を学ぶ傍ら文筆活動に勤しんだ。小説『舞姫』は有名だ。現在フンボルト大学日本学科の付属施設であるこの森鷗外記念館は、鷗外がベルリンで最初に滞在したアパートである。ベルリン中央駅からフリードリヒシュトラーセ駅に向かう時に、4階建てのビルから目に飛び込んでくる〈鷗外〉との大きな壁文字には、日本人なら誰もが声をあげることだろう。

その記念館は、ベルリンの壁が崩壊した1990年代には、安野が記すように「ぼろぼろの状態」で、存続が困難なほど老朽化していた。奇しくも平成6年、東京とベルリンは姉妹都市となる。この折、東京都の外事課長であった私は、ベルリン市から相談を受ける。「提携記念に鷗外記念館の修復費を出してもらえないだろうか」。鈴木俊一知事に話すと快諾。

そうなのだ。もし生前に安野先生にお会いする機会があったなら、この旨をお伝えし、鷗外記念館修復に関わった東京都の厚意を大いに喜んでいただけたに違いない。さすればこのベルリンの記念館にも、『ふしぎなえ』『ABCの本』など安野作品が大量に並んだことだろう。そう残念がる昨今というものである。

※小金井市緑センター（公民館緑分館）は小金井市緑町3−3−23。武蔵小金井駅北口から徒歩20分ほどである。

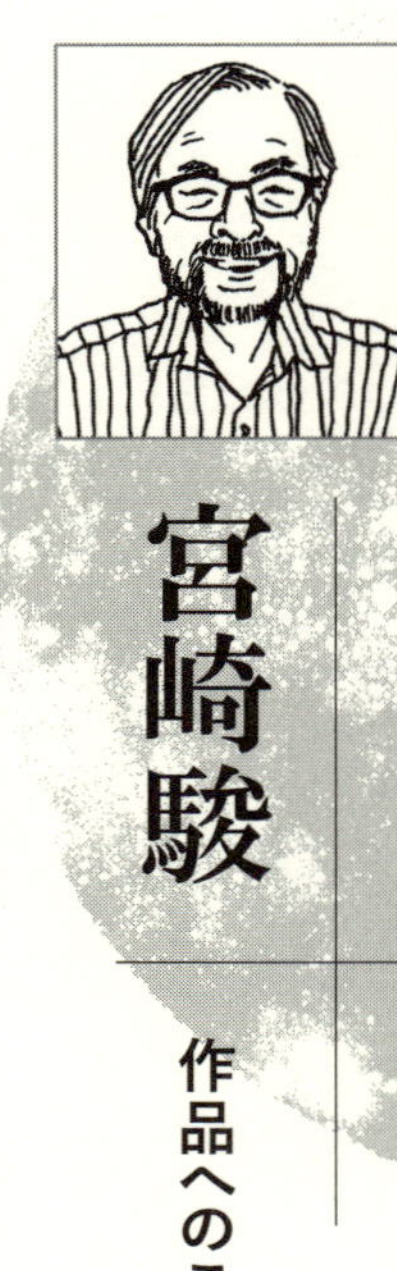

宮崎駿

作品へのこだわりは尋常ではない

中央線はアニメ文化線？

ちょうどジブリ美術館が三鷹にオープンした2000年代、中央線アニメ文化論が杉並界隈に暮らすファンたちに大いに話題となった。雑誌『東京人』は、そんな気運を反映してか、平成13（2001）年に「中央線の魔力」なる特集号を出す。その一つ「中央線がアニメ密集地帯になった理由」（三善里沙子）にはなかなか貴重な情報が詰まっている。

「東京都内に存在するアニメーション制作会社を見ると、杉並区50、そして練馬区40となり、3位の新宿区は20。ビックリ！　杉並区はそんなにエラかったのか」。

「アニメ発祥の地は実は練馬区大泉の東映アニメーション。しかし昭和40年代に、大手の制作プロの東京ムービー（今はない！）が杉並区南阿佐谷にできたことから、練馬の東映や虫プロとを結ぶ阿佐谷の中杉通り沿いに、関連事務所が集まった」。

いやその構図は20年経った今も基本的に変わらない。日本動画協会の2021年度レポートによると、杉並区のアニメ制作会社は149（全国811）と全国一であり、文字通りアニメの産業集積地なのだ。

宮崎駿監督のこだわりは強い

アニメの王様と称される宮崎駿は昭和16（1941）年の東京生まれ。戦争中は宇都宮に疎開するが、その後、杉並区永福町に住む。学習院大学へ進学。そこでアニメの世界に進むことを決意する。初めは東映動画でアニメーターをするも、高畑勲とともに独立して昭和60年にスタジオジブリを設立した。以後『となりのトトロ』『もののけ姫』などを制作・監督し、『千と千尋の神隠し』で平成14年にベルリン国際映画祭金熊賞、アカデミー長編アニメ映画賞を受賞。直近では令和6（2024）年に『君たちはどう生きるか』でふたたびアカデミー長編アニメ映画賞を得た。アニメの杉並に、アニメの王様と言われる宮崎監督が少年期に育ったというのだから、杉並区にとってはたまらない誇りだろう。

その宮崎監督が三鷹市にジブリ美術館をオープンしたのは平成13年のことだ。たまたま都庁の文化行政の担当部長であった私にも招待状が来た。ワクワクして早めに到着してしまった私に、何と宮崎監督から「時間がありますから少し私がご案内しましょう」という声掛けが。身に余る光栄ですと申し上げつつ案内されていると、杉並区長が顔を出す。「私もご一緒よろしいですか」と参加するが、その後こんな「事件」が起きたのだ。別れしなに「あのう、宮崎監督にひとつお願いがあるのですが」と区長が話しかける。「実は杉並区には多くのアニメ会社が活動しています。区はこの産業を大事にし、杉並をアニメの町として発展させたいと思います。お願いは、そのために先生の名前をお借りできないかということですが」。

すると宮崎監督は何とストレートにこう返答したのである。

「いやです」。

私は思わず監督の顔を見つめてしまった。

「確かに私は小学校から杉並区に育ちました。しかし杉並にはいい思い出がありません。ですからいやです」。

好意的な反応があると思い握手を求めていた山田宏区長の手は宙を舞ってしまった。

その時、私はかつて多摩モノレール建設の担当部長から聞いたエピソードを思い出したものだ。それは『となりのトトロ』に登場する「ネコバス」を、多摩モノレールの車体のラッピングに使わせてもらえないかと相談にうかがった折のこと。これまた監督ははっきり「ダメです」と言ったというのだ。

「ネコバスはどこまでも柔らかく、子どもたちを優しく包み込むもの。しかしモノレールはどうしたって硬い金属質です。ネコバスのイメージを壊します」。

交渉に行った担当部長は、その宮崎監督の説明に大いに納得してしまったとのこと。芸術家のこだわりとは、かかることを言うのであろう。

地元小金井を大事にする

現在、スタジオジブリは小金井市梶野町にある。東小金井駅北口から数分だ。それだけではない。小金井公園の江戸東京たてもの園には宮崎ワールドを髣髴（ほうふつ）とさせる建物が並ぶ。この界隈は宮崎ファンにとっては、たまらない世界なのだ。いや宮崎監督も地元を大事にする。たてもの園のマスコットキャラ「えどまる」を手掛け、また小金井市のイメージキャラの「こきんちゃん」も制作している。宮崎監督の地元貢献度は高く、平成20年には名誉市民に選定される。いやいや小金井市だけではない。ジブリの森美術館が所在する三鷹市の名誉市民にもなっている。

こうしてみると中央線のアニメ文化圏は、杉並界隈から三鷹、小金井へと西進してきていると思いたいが、いかがだろうか。

※「江戸東京たてもの園」は武蔵小金井駅北口からバス5分。東小金井駅北口からバス6分。スタジオジブリは小金井市梶野町。東小金井駅北口から徒歩6分にある。

宮崎駿

■みやざきはやお　アニメ監督。昭和16年東京生まれ。杉並区永福町に住む。学習院大学へ進学。昭和60年にスタジオジブリを設立。『となりのトトロ』『もののけ姫』などを制作・監督し、『千と千尋の神隠し』でベルリン国際映画祭金熊賞を受賞。スタジオジブリは小金井市梶野町にある。小金井市のイメージキャラの「こきんちゃん」も制作。平成20年には名誉市民に選定された。

多磨霊園物語❶

三島由紀夫

散るこそ花と吹く小夜嵐

中央線の武蔵小金井駅が、鉄道省の武蔵小金井仮乗降場として開業したのは大正13(1924)年。北口からの小金井公園の観桜の誘客が主眼であった。他方南口では多磨霊園がこの前年に開場している。駅南口から霊園裏門まで徒歩20分。40万坪の園内には有島武郎、大岡昇平、岡本太郎・一平・かの子、北原白秋、菊池寛、田山花袋、舟橋聖一、堀辰雄・多恵、向田邦子、与謝野晶子・鉄幹、吉川英治、そして三島由紀夫らが眠る。

その多磨霊園は、昨今では墓参り先というよりは、中央線の貴重な「文学散歩」の地となっている。歴史と静かさを堪能できるこの墓参りファンは、何と「墓マイラー」と称されるほど広がっているらしい。

そこで、ここからは「多磨霊園物語」を案内したい。

戒名は彰武院文鑑公威居士

まず多磨霊園に眠る多士の中から、とくに三島由紀夫の墓を紹介する。大正14年生まれ。言うまでもなく『仮面の告白』『潮騒』『金閣寺』など常に話題作を発表し、昭和をもっとも強烈に駆け抜けた作家だ。昭和45（1970）年11月25日、楯の会を率い市谷の自衛隊本部に入り決起を訴えたあと総監室で割腹、社会に衝撃を与える。しかし多磨霊園10区の墓は、一般的な三段式の家墓で「平岡家之墓」として静かに立つ。「俗名平岡公威 筆名三島由紀夫」、戒名「彰武院文鑑公威居士」と刻まれる。

昭和45年のクーデター未遂事件当時、私はこの多磨霊園そばの浅間山近くを住まいとしていた。それだけに事件後の一周忌には、導かれるように平岡家の墓に向かった。命日の早朝8時のことである。墓所には楯の会メンバーが整列していた。それをTV局のカメラが幾重にも囲む。そして瑤子夫人らが焼香をすませると、彼らは一斉に皇居の方向を向き、「天皇陛下万歳」と三唱したのである。その何ともアナクロ的な違和感に圧倒されつつも、晩秋の凛とした冷気の中で、三島の「死」の精神を踏襲するという営みは鮮烈に見えたものだ。

「散るをいとふ世にも人にもさきがけて　散るこそ花と吹く小夜嵐」

三島の辞世の句である。ただその清冽な表現とは異なり、私の脳裏に浮かんだのは事件後に週刊誌に載った三島の肉体を離れた「生首」である。

三島は、かつて初々しい若者たちの小説を書いた。『潮騒』である。「初江！」と叫ぶ新治に、「その火を飛び越して来い」と求める初江。伊勢湾に浮かぶ歌島（神島）を舞台に、陽光の輝くギリシャ神話のようだと称賛された。しかしそのまばゆい人間讃歌の作家は、自らその肉体を解体し死んでいった。

文化防衛を叫ぶ精神と割腹し切り離された肉体。しかし私は多磨霊園の、この10区の墓所を訪れる度に、精神より肉体が示す発信力の強さにこそ圧倒されてしまうのだ。

ハリボテのような肉体だったんだ

それから40年後。突然にこの三島由紀夫の肉体と死に関する濃密な会話を都庁で耳にする。石原慎太郎知事（当時）が、若い画家たちへの展示の場を提供しようと始めたワンダーウォール事業の、イベント後の横尾忠則や石原知事ら数人の懇談の席でのことだ。三島と親交の深い二人であるだけに内容はリアルである。焼酎のお湯割りを口にしつつ進む会話に、事務局の担当部長として傍らに座る私は思わず耳が大きくなる。横尾忠則はこう語りかけていた。

「石原さん、ひょっとして三島さんはあなたに嫉妬していたのではないですか」。

「そう、そう思う。ヨットやサッカーなど当たり前にスポーツに入り込んでいた私に、虚弱な彼は動揺したと思う。だから無理してボディビルなんかで肉体を改造しようとした。その結果が、あの使い物にならないハリボテのような肉体だったんだ」。

しかし使い物にならないはずのハリボテの肉体を、三島は100％駆使して社会への衝撃を演出した。自然物たる自らの肉体さえも「虚構」という文学世界での道具として演出したのである。しかも政治色を強く帯びさせて。

今年も11月25日がやってくる。令和2（2020）年は没後50年で、『三島由紀夫vs東大全共闘 50年目の真実』が上映され、往時の記憶を人々に鮮明にした。しかし瑤子夫人も30年ほど前に逝き、楯の会も半世紀前に解散した。今年も冷気が張りつめるだろう多磨霊園での命日に、果たして何人の人が、どんな思いを抱いて「平岡家之墓」に訪れることだろう。

ちなみに三島のここ多磨霊園10区には、西南戦争で西郷隆盛を割腹に追いつめた実弟の西郷従道の墓があり、『或る女』『カインの末裔』等を残し軽井沢の別荘で愛人と心中した有島武郎が眠る。自死が連なるこの空間を、単なる偶然に過ぎないと軽くあしらうとしたら、それはやはり不遜というものだろう。

■みしまゆきお　大正14年生まれ。東京大学卒。『仮面の告白』『潮騒』『金閣寺』など話題作を発表し、昭和をもっとも強烈に駆け抜けた作家の一人。昭和45年11月25日、楯の会を率い市谷の陸上自衛隊本部に入り、バルコニーで演説後、東部方面総監室で割腹。多磨霊園10区の「平岡家之墓」に眠る。

多磨霊園物語❷

岡本太郎　与謝野晶子　堀辰雄

多磨霊園の墓が語る家族の風景

中央線沿線の文化人探訪もそろそろおしまい。最後はやはり墓所がふさわしいと、多磨霊園に眠る3組の家族を取り上げることとする。

太陽の塔と観音像と

まずは「推し」の彫刻家岡本太郎とその家族の墓である。16区に眠る。太郎は明治44（1911）年に、漫画家の岡本一平、歌人のかの子の長男として生まれた。昭和5（1930）年から10年間をフランスで過ごす。帰国後、東京美術学校へ進学。昭和17年、中国戦線へ。戦後、東京国立博物館で縄文火焔土器を見て衝撃を受ける。そのことが「太陽の塔」をはじめ、太郎の作品の根底をなすといわれる。平成8（1996）年に他界。

「芸術は爆発だ」とのフレーズで一世を風靡した太郎の、その家族関係は複雑だ。母かの子は愛人を夫一平の公認下で自宅に住まわせる。自身も放蕩経験がある一平は容認せざるを得なかったという。そういえばかの子の生き様を示すような、満開の桜を前にして作られた歌がある。

「桜ばないのち一ぱい咲くからに　生命をかけてわが眺めたり」

どうしてこんなに一方的で、官能的な生命賛歌を謳いきれるものだろうか。舌を巻くというものだ。

墓の散策めぐりを愉しみにする私は、しばしばこの家族の墓所に足を運ぶ。写真を見ていただきたい。一平の墓は「ミニ太陽の塔」というべき「顔」、かの子の墓は「観音像」、太郎の墓は土中からぬっと顔を出し両親を眺める異形の像「午後の日」である。その不協和音的な家族の鼎立像には思わず立ちすくんでしまうというものだ。しかしこの墓には川端康成の、『母の手紙』(岡本太郎)の序文での、こんな柔らかな言葉が碑に刻まれる。文豪の手にかかると荒んだ海も波静かになる。

「岡本一平、かの子、太郎の一家は、私になつかしい家族であるが、また日本では全くたぐい稀な家族であった。私は三人をひとりひとりとして尊敬した以上に、三人を一つの家族として尊敬した」。

死後も諍うか晶子と鉄幹

多磨霊園で夫婦並んでの有名な墓と言えば歌人の与謝野晶子、鉄幹だろう。11区の埋葬だ。

晶子(明治11~昭和17年)は堺の生まれ。『明星』の主宰者の鉄幹と恋に落ち翌年上京。結婚し5男6女を育てた。歌集『みだれ髪』を刊行。

岡本太郎の墓(左)はかの子、一平の墓を見つめる

「くろ髪の千すぢの髪のみだれ髪かつおもひみだれおもひみだるる」

そうした大胆な表現で世を驚かせた。夫の鉄幹（明治6〜昭和10年）は京都の生まれ。本名は寛。上京して落合直文門に入る。『明星』で晶子、山川登美子らを擁し、明治浪漫主義の展開を主導した。

夫妻の墓に訪れてみると、左右に等しく並ぶこの墓所にはそれぞれの歌が刻まれる。

「知りがたき事もおほかた知りつくし今なにを見る大空を見る」　寛

「皐月よし野山のわか葉光満ち末も終りもなき世の如く」　晶子

しかし二人の台座に刻まれる歌は、両方とも晶子の筆跡である。単に鉄幹が先に逝ったからか、夫の寛はひとり自分のものだという顕示なのか、歌人鉄幹は私が凌駕したという誇示なのか。夫婦間の二人の諍いを知る後世の私たちであれば、その台座に並ぶ2首にはじっと見入ってしまうというものだ。

ちなみに与謝野晶子といえば、日露戦争の際に出征した弟の無事を願う「君死にたまふことなかれ」を発表し、強烈な反戦歌人として今に伝わる。しかし後年、太平洋戦争の際には、海軍大尉として出征する四男を励ます歌を残していることは知ってよい。

「水軍の大尉となりてわが四郎　み軍にゆくたけく戦へ」

反戦歌人として偶像化される晶子。が、むしろそれはこの歌人を狭量化しているというべきだろう。「思うところを正直に詠まねば歌ではない」と晶子自身が述べる生命力

■おかもとたろう
彫刻家。明治44年生まれ。「太陽の塔」制作。漫画家の岡本一平、歌人のかの子の長男として生まれた。平成8年に84歳で没する。

■よさのあきこ
歌人。明治11年生まれ。『明星』主宰の鉄幹と恋に落ち上京。歌集『みだれ髪』を刊行、結婚に至る。昭和17年に63歳で死去。

■ほりたつお
作家。明治37年生まれ。『風立ちぬ』の作者。その妻多恵子（大正2年〜平成22年）は生涯夫の思い出を綴った。辰雄は昭和28年に48歳でこの世を去る。

岡本太郎
与謝野晶子
堀辰雄

こそ、彼女の彼女たる所以と思われる。

「風立ちぬ」の堀辰雄と多恵子

最後にもう一つ、夫婦の墓としての「推し」は堀辰雄（明治37年〜昭和28年）とその妻多恵子（大正2（1913）年〜平成22年、本名は多恵）である。12区にはそれぞれの名を刻んだ2基が仲良く並ぶ。多恵子は、堀の婚約者で『風立ちぬ』のモデルとなった矢野綾子が死んだ後、室生犀星の媒酌で堀と結婚。軽井沢で15年の短い結婚生活を過ごす。しかしその後50年余、夫の思い出を「堀多恵子」の名で書き綴る。そして今、夫の傍らに寄り添うのだ。

余談であるが、この堀辰雄の墓には木立ちが並ぶ。そのせいか時折枯れ葉を巻き上げて、風が立つ場面に出くわすことがある。自然が演出する全く偶然であろうが、その光景には大いに幸せな気分になる。散策の楽しみは、こんな奇遇にもあるというものだ。

夫婦家族には多様な形がある。夫婦家族にも多様な墓の形がある。それぞれの作家たちの人生と作品を思い浮かべて訪れてみると、墓所は愛憎を含め人生ドラマそのものを髣髴（ほうふつ）とさせる。多磨霊園は中央線沿線の文学の園といってよいかもしれない。桜の季節であればさらに良い。40万坪の敷地に染井吉野、枝垂桜、八重桜の1500本が咲く。墓マイラーのみならず、すべての訪問者の気持ちを和ませるに違いない。

余話❸ 国分寺崖線は歴史文化の宝庫

国分寺崖線は富士を楽しむ別荘地

国分寺崖線。西は立川（武蔵村山との説もあり）、国分寺から東は世田谷、大田に至るまでの約30㎞にわたる河岸段丘である。水の多摩川と並んでの多摩の緑の骨格だ。崖線からの西方には富士山がそびえ、その手前に丹沢が連なる。この地は、中央線の整備とともに明治後期から昭和初期にかけては実業家や政治家の邸宅が建つ人気の郊外別荘地であった。

往時の別荘地的風景を、ここでは小金井・国分寺エリアで見てみることにしよう。ちょっぴり歴史教科書風で不評を買いそうであるが、散策のための基礎データ。ご容赦のほどを。

まずは大正元年建築の小金井の波多野邸である。現在の「滄浪泉園（そうろうせんえん）」だ。三井銀行理事や衆院議員を務めた波多野承五郎の別荘である。当初1万坪と言われた。大正3年には江口邸が建った。国分寺の「殿ヶ谷戸庭園」である。満鉄副総裁江口定條の別邸で、のちに三井財閥の岩崎彦弥太が買収した。6千坪強。同年、小金井の野川沿いに富永邸が建つ。青梅鉄道社長の息子である富永次郎の所有で戦後そこに『武蔵野夫人』の大岡昇平が寄寓した。大正7年には国分寺駅北に今村邸が姿を見せる。今の日立製作所中央研究所である。今村銀行（のちの第一銀行）頭取の今村繁三が別荘とした。敷地5万坪余。小金井の「三楽荘」（「三楽の森」）も大正13年に建てられる。NEC創始者の前田武四郎の別荘である。

その後、大正末から堤康次郎の箱根土地が「大学都市」のブランドイメージをウリに国分寺（小平）学園都市60万坪を国分寺駅北に、国立学園

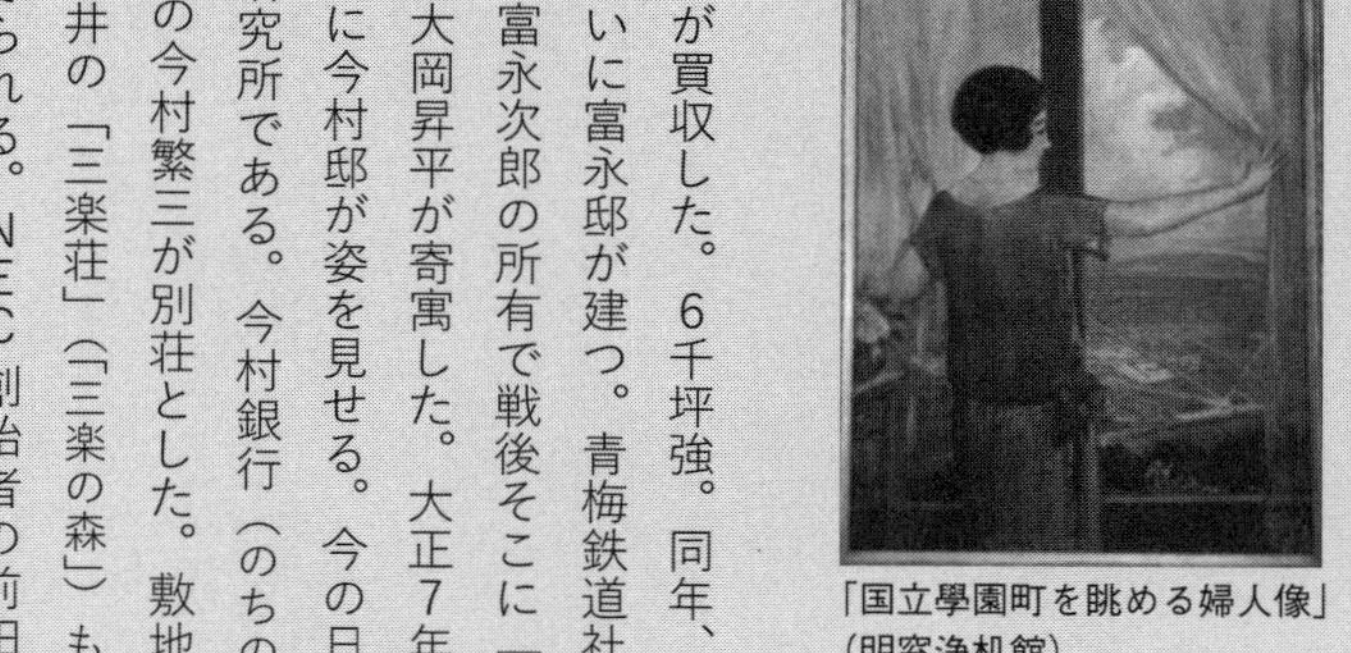

「国立學園町を眺める婦人像」（明窓浄机館）
国分寺崖線の上から見る国立学園都市を描く

都市100万坪を国立駅南に分譲し始める。

往時の姿の一端を知るには、最近オープンして話題の「カフェおきもと」を訪ねるのがよいだろう。小金井と国立の境の崖線上に立つ沖本邸は昭和8年の建築。貿易商の土井内蔵（どいくら）が建て、のちに海軍少将沖本至の居宅となった。600坪。レトロな別荘風邸宅の姿が味わえる。

もう一つのおススメは、別荘ではないが東京経済大学（旧大倉商業学校）の「新次郎池」だ。崖線からの湧水を溜めたこの池の界隈は「緑の回廊」と言われる。大倉財閥設立者で学校創設者であった明治人大倉喜八郎の業績を想起しつつ歩くのもよい。

国分寺崖線沿いのこうした一連の邸宅は、豊かな樹林に囲まれ、朝夕は霊峰富士が楽しめた。間違いなくこの地はステータスシンボルであったのだ。そうそう、次のようなエピソードも残されている。

明治45年に一両まるごとの女性専用列車が中央線を走った。元祖「女性専用車」である。これは中央線で女学校に通う子女を心配した富裕層の声が高まり、当時、学習院院長であった乃木希典が鉄道省に指示して実現したものだ。中央線沿線の往時のステータスを示す逸話といってよいだろう。

国分寺崖線を自転車で走ってみよう

さてここからは国分寺崖線の散策ツアーの案内＆体験記である。この冊子で紹介してきた作家や音楽人たち、あるいは実業家たちのゆかりの地を行政区画を越えて走る、「点と線」を堪能するツアーと言えようか。

スタートは、崖線の始まりとされる立川の砂川、ゴールを小金井の『武蔵野夫人』の舞台界隈とした。距離を測ってみると10㎞あまり。ふーっ、歩くとするとさすがに遠い。ここは自転車だとサイクリングツアーを試みることとした。NHK BSの火野正平の人気番組「こころ旅」のノリである。

桜の季節の天気の良い日を選んで、さあ出発。スタートは9時、砂川9丁目の川越街道古民家園付近からである（図4参照）。

走り始めるとすぐに立川市立若葉台小学校が立つ段丘に出る。地元の人が自慢する、崖線一の眺望スポットと言われる高台だ。真っ白い富士と多摩一望の大パノラマは圧巻である。ちなみに令和5年に開校したこの若葉台小学校の校歌は、地元立川に住むジャズピアニスト山下洋輔（12頁）が作曲した。

そこから自転車で10分。ロックの忌野清志郎（100頁）がかよった国分寺市立第二小学校に着く。正門近くの道路沿いには、巨大な「トトロ」の樹木像が立つ。10mくらいだろうか。見下ろす先は通学する元気な子どもたちとでっかく富士が見える下り坂だ。

下り坂といえば、この小学校近くには芥川賞作家小島信夫（92頁）が暮らした。晩年の作品『各務原　名古屋　国立』の中で、山口瞳（28頁）家族が散歩の途中に「（崖の登り道から）フェン

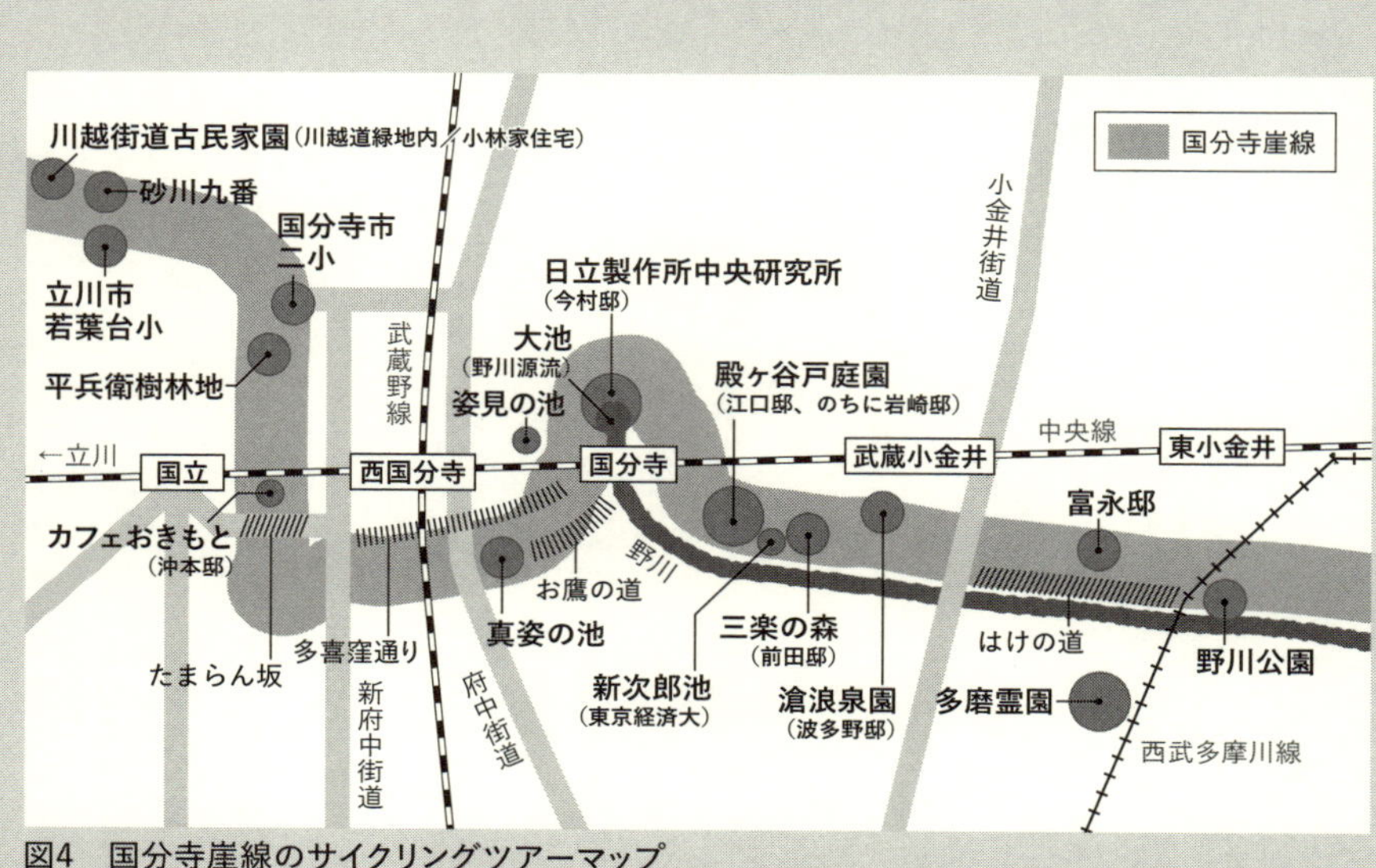

図4　国分寺崖線のサイクリングツアーマップ

スにつかまって家の中をのぞいていた」と微笑ましく描写している。私もその一節にある「65段あった」という崖線の下り階段を上下してみる。キツイ。小島信夫がぼやくのも理解できる。

汗を拭きつつ内藤橋から中央線を越える。近年開通した新府中街道に出て、広々とした自転車専用道を走る。見晴らしもよく爽快だ。向かうのは「たまらん坂」。国立と国分寺の境界をつなぐ崖線である。忌野清志郎がこの坂沿いでのアパート生活を歌った『多摩蘭坂』。その舞台でありファンには聖地である。到着してみると、この日も「たまらん坂」の標柱の傍には小さな花が置かれていた。枯れた花は誰が片付けるのだろうかと心配しつつ、踵を返し多喜窪通りに向かう。

多喜窪通りは崖線特有の大きな起伏が続く。自転車をこぐ足も重くなる。最近姿を見せた国分寺市の新庁舎を左手に見て野川に着く。そこは作家辻邦生（88頁）夫妻が新婚時代から暮らしたリヨンの近くだ。しかし辻佐保子が「農家の周りにキラキラ光る湧き水が流れていた」（『辻邦生のために』）と絶賛した風景はもはやない。

奇しくも村上春樹（84頁）が住んだのもこの多喜窪通りと野川の交差する一角だ。村上の伝説のジャズ喫茶〈ピーター・キャット〉を探してみる。その店があったのは国分寺駅南口の「殿ヶ谷戸庭園」に隣接するビルの地下。覗いてみるも今やピアノの音など聞こえるはずもない。しかし離れがたく、隣のジャズ喫茶「ほんやら洞」でしばし休憩。『風の歌を聴け』の1970年代の気持ちになる。あっ、あれは海辺が舞台だっけ。

到着は『武蔵野夫人』の舞台

いよいよ自転車ツアーも後半である。「ほんやら洞」で元気をもらった私は、ちょっとUターンして国分寺崖線の最大のウリ「お鷹の道・真姿の池」をめざす。白鳳時代の国分寺史跡に隣接する湧水群だ。

そして大岡昇平（110頁）『武蔵野夫人』の舞台に向かう。慕いあう勉と道子が野川の水源を探す場面の小道を辿り、西国分寺駅近くの「姿見の池」（112頁）に至る。この恋ヶ窪の地こそ道子が、「自分がここに、つまり恋に捉えられたと思った」と胸を騒がせたステージなのだ。そんな小説の一節を思い浮かべて水辺を散策した後の足取りは軽い。自転車は「お鷹の道」から崖線沿いの貫井神社、三楽の森から滄浪泉園へと駆け抜け、「はけの道」に入る。

「はけの道」は小金井街道の急坂下から始まる。『武蔵野夫人』の冒頭文で有名だ。静かな住宅街を走るとやがて右手に再び野川が姿を見せる。その直前の崖沿いに「むじな坂」の標柱を発見。大岡昇平が寄寓した富永邸近くである。今日の自転車ツアーの到着地である。

立川を出てから自転車でほぼ2時間半。帰路を考えると団塊世代人には長旅である。しかし野川公園で草むらに足を伸ばし、日差しを浴びる。ちょっとした贅沢旅となる。

それにしても「国分寺崖線」は間違いなくおススメの「近旅（ちかたび）」ルートである。立川、国立、国分寺、小金井といった、無機質な行政区画とは異なる、もう一つの一帯的な多摩ワールドを楽しめるのだ。野川公園で何げなく語りかけた年配夫婦もこう話していた。

「人生100年時代。散歩や探訪の行動範囲も広がっています。その点、国分寺崖線はいっぱい楽しみ方があります。湧水、川、緑、歴史、文学。地域の自慢の宝庫です」。

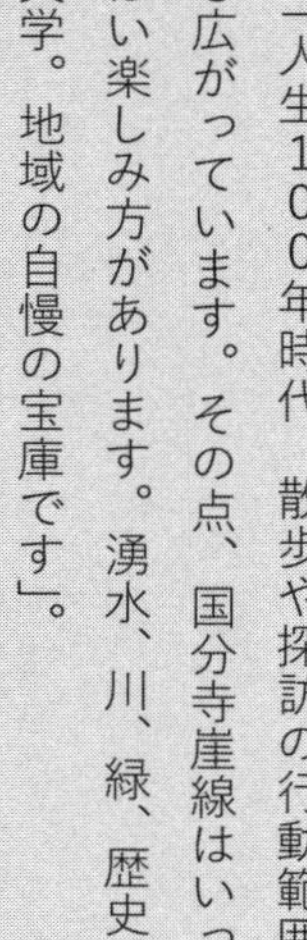

平兵衛（へいべえ）樹林地
国立と国分寺の境の崖線樹林。武蔵野の面影を味わえる

【主な参考文献】

1章　立川・日野編

『立川飛行場物語』（上）（中）（下）　三田鶴吉　けやき出版　１９８７年
『多摩の鉄道百年』　野田正穂ほか　日本経済評論社　１９９３年
『中央線誕生―東京を一直線に貫く鉄道の謎』　中村建治　交通新聞社　２０１６年
『文学する中央線沿線』　矢野勝巳　ぶんしん出版　２０２３年
『中央線の詩』　朝日新聞東京総局　出窓社　２００５年
『東京のれきし　道路・鉄道、まちづくり編』　双葉社　２０１４年
『私の履歴書』　小澤征爾　日本経済新聞　２０１４年
『小澤征爾氏からのメッセージ』〈立川一小だより〉令和元年7月1日号
赤川政由作品集『ＢＯＮＺＥ　ＷＯＲＫＳ』　２０２２年
『たまら・び悠』　多摩信用金庫　２０２４年冬号
『84歳の母さんがぼくに教えてくれた大事なこと』　辻仁成　ＫＡＤＯＫＡＷＡ　２０１９年

2章　国立編

『国立に誕生した大学町』　渡辺彰子　サトウ　２０１５年
『国立三角駅舎物語』　国立市観光まちづくり協会　２０２１年
『国立のまち歴史ものがたり』　国立駅前大学通り商店会　２０１８年
『くにたち商店街形成史』　国立の自然と文化を守る会　２０００年
『山口瞳の行きつけの店』　山口正介　武田ランダムハウスジャパン　２００７年
特別展図録『くにたちを愛した山口瞳』　嵐山光三郎ほか　１９９９年
『夕焼け学校』　嵐山光三郎　集英社　１９９０年
『父の肖像』（上）（下）　辻井喬　新潮社　２００７年
『堤康次郎』　老川慶喜　中央公論新社　２０２４年
『石原慎太郎お別れの会』栞　２０２２年
『犬婿入り』　多和田葉子　講談社　１９９３年
『富士山』　草野心平詩集・棟方志功板画　岩崎美術社　１９９６年
『人生、飄々と。――頑亭が行く』　関頑亭　講談社　１９９６年
『さくら』　太田洋愛　日本書籍　１９８０年
『大学通りと飛行機』　中村良和　くにたち郷土文化館　２０１８年
『くにたちに時は流れて』　志田次子　朝日新聞名古屋本社　１９８８年

3章　国分寺編

『国分寺市史』　国分寺市　１９８６年
『親子で楽しむ国分寺崖線』　崖線保全まちづくり委員会　２０２２年
『各務原　名古屋　国立』　小島信夫　講談社　２００２年
『岬』　中上健次　文藝春秋　１９７６年
『みにこみ国分寺　Ｎｏ49』　国分寺商店会連合会　２０１９年
『平兵衛新田　むかし・現在』別巻　国立駅北口光商栄会　２０１１年
『村上朝日堂』　村上春樹　新潮社　１９８７年
『ザ・藤森照信』　ＨＯＭＥ特別編集Ｎｏ．7　エクスナレッジ　２００６年
『のちの思いに』　辻邦生　日本経済新聞出版　１９９９年
『「たえず書く人」辻邦生と暮らして』　辻佐保子　中央公論新社　２００８年

4章　小金井編

『東京人』〈中央線の魔力〉　２００１年特集
『武蔵野夫人』　大岡昇平　新潮社　１９５３年
『ふしぎなえ』　安野光雅　福音館書店　１９７１年
『たまらん坂　武蔵野短篇集』　黒井千次　福武書店　１９８８年
『演歌　艶歌　援歌―わたしの生き方・星野哲郎』　佐藤健　毎日新聞出版　２００１年
『歴史が眠る多磨霊園』　小村大樹　花伝社　２０１９年

※「三角駅舎」は法令上「旧国立駅舎」と表記される。しかし本著では町で親しみをもって語られる日常的な「三角駅舎」を多用した。おことわりしておく。

◉著者プロフィール

嶋津隆文（しまづ・りゅうぶん）

昭和22年生まれ、早稲田大学法学部卒業。東京都入庁後、ニューヨーク市駐在代表、生涯学習部長、局長、東京観光財団専務を経て松蔭大学観光文化学部教授。現在、国立市観光まちづくり協会副理事長。FJK理事長。主著に『どこで、どう暮らすか日本人』『どうなる日本、どうする分権』など。

イラスト　レクタプロダクツ
監修　NPOフォーラム自治研究（FJK）
編集・デザイン協力　（株）ジェイクリエイト

本事業は「（公財）東京観光財団　観光まちづくり支援事業助成金」を活用して実施した。また、広域連携事業として立川市観光コンベンション協会、こくぶんじ観光まちづくり協会の協力を得た。人物紹介原稿は初出の多くが『国立三角駅舎物語』（令和3年）および『都政新報』（シリーズ連載、令和4～5年）であり、それを加筆する形で載録した。おことわりしておく。

中央線沿線物語

国立と立川・国分寺・小金井ゆかりの人物を訪ねて

二〇二四年八月三十一日　初版第1刷発行

著者　嶋津隆文
刊行　国立市観光まちづくり協会
〒186-0004
東京都国立市中2-2-11　センテ国立
TEL・042-574-1199
発行　風鈴社
〒101-0052
東京都千代田区神田小川町3-7-13　ヴァンサンクビル6F
（株）ジェイクリエイト内
TEL・03-6273-7135／FAX・03-6273-7136
印刷・製本　株式会社シナノパブリッシングプレス

ISBN978-4-910795-01-0　C0095
日本音楽著作権協会（出）許諾第2404603-401号

本書の内容に関するお問い合わせは、国立市観光まちづくり協会まで。乱丁本、落丁本はおとりかえいたします。お買い求めの書店か、風鈴社にご連絡ください。